RÊVERIES

DE MERLIN.

Tout va affez bien pour aller mal, difoit Fontenelle ; je commence à croire qu'il avoit raifon. Le monde phyfique a fes loix qui le gouvernent, fon mouvement qui l'entraîne, fes caufes qui le dominent. Sans doute il en eft de même du monde moral. Une certaine confufion apparente n'empêche pas qu'il n'exifte un bel ordre intérieur, fait pour tranquillifer les mécontens. C'eft un courant auquel il faut s'abandonner : il n'y a que ceux qui luttent qui faffent une fottife. Par exemple, je n'étois pas à m'appercevoir qu'il n'y a plus ni principes, ni frein, ni galanterie, ni gaîté, ni même d'efprit focial ; mais, comme mon métier n'eft pas d'être moralifte, j'étois affez tranquille fur cette efpece de dépravation économi-philofophi-comique. J'avoue, en récompenfe, que fur d'autres objets je fuis, depuis quelques années, dupe de mes idées, & de ce que j'ai cru mes réflexions. Or, qui eft dupe, eft bientôt victime. Auffi l'ai-je été, & c'eft bien fait. Cela m'apprendra à mieux connoître les hommes avec qui j'avois à vivre. Par exemple, en matiere de goût, (comme ce mot

de goût eſt répété ſans ceſſe par nos grands hommes) je croyois ingénument que nous avions con-
ſervé une ſorte de tact, de fineſſe, un reſte de
cette décence extérieure & de cette pudeur de l'eſprit, qui ſeule peut mettre quelque délicateſſe dans
les plaiſirs. Cette ingénuité m'a conduit de mépriſes en mépriſes ; entre autres, je ne ſais par quel
haſard je m'étois figuré que la ſcene Françoiſe
étoit encore le théâtre de la nation, & conſacrée
par conſéquent à des compoſitions plus intéreſſantes
& plus nobles. Cette bévue m'a fait adopter un
maudit genre, où l'Auteur s'aviſe de reſpecter les
convenances, le Public & lui-même : Dieu ſait
ce que m'a valu ce beau calcul, & comme les
amateurs des tréteaux ſe ſont déchaînés contre ma
Muſe pudibonde ! Auſſi je ne crois pas qu'avec ſa
pruderie elle oſe s'aventurer davantage, à moins
qu'un beau jour elle n'endoſſe un habit de Gille,
& ne ſurprenne ainſi l'admiration de ſes ingénieux &
folâtres concitoyens.

Quoi qu'il en ſoit, voici, dans le genre de la
Comédie, mon dernier eſſai. Je me ſuis dépêché
de le livrer à l'impreſſion, pour prévenir la dé-
mangeaiſon de le faire un jour repréſenter. J'avois
eſquiſſé cette piece il y a quelques années, &
cette ébauche même a déja été ſous les yeux des
Lecteurs ; mais, telle qu'elle eſt aujourd'hui, elle
n'a plus le moindre rapport à l'autre, ſi ce n'eſt
dans quelques détails & dans quelques vers dont

MERLIN BEL-ESPRIT,

COMÉDIE

EN CINQ ACTES ET EN VERS;

Par M. DORAT.

Incedo per ignes.

A LONDRES,

Et fe trouve

A PARIS,

Chez MONORY, Libraire de S. A. S. Mgr le Prince de
Condé, rue & vis-à-vis l'ancienne Comédie Françoife.

M. DCC. LXXX.

SUJET DE L'ESTAMPE.

Un Lettré de Gonesse, le Dimanche après l'Office du matin, commente l'article Four aux Esprits-forts des environs.

l'idée feule eft confervée. J'avois peut-être un peu d'humeur quand je fis la premiere, & l'humeur a toujours tort. La feconde eft plus faillante, plus gaie ; j'avoue même, avec confufion, que je la crois affez plaifante. D'abord j'avois fait porter les principaux traits fur un perfonnage trop grave, conféquemment peu théatral ; peut-être faut-il la charge comique, pour bien rendre un travers, auffi décrié que celui que j'ai voulu peindre. C'eft honorer le ridicule, que de l'attaquer férieufement ; & ce n'eft qu'en fe jouant, qu'on doit châtier certains originaux. Au refte, je défie qu'on me reproche la plus légere perfonnalité ; de la meilleure foi du monde, je n'ai eu qui que ce foit en vue. J'ai voulu feulement fronder en général l'efprit de nos coteries : efprit deftructeur de toute émulation, du vrai talent comme de la vraie gloire, dégradant les gens de lettres, les divifant, aigriffant leur fenfibilité, les rendant vindicatifs comme des Abbés, coleres comme des enfans, faifant d'eux, en un mot, des efpeces de finges, dont on aime à voir les culebutes, les tours & les malices.

D'après cette façon de raifonner ou de rêver, n'ai-je pas été me mettre dans la tête que Merlin pouvoit être un perfonnage moral & prefque utile ? Si j'ai raifon, tant mieux ; fi je me fuis trompé, peu m'importe ; c'eft de la morale perdue, & une fantaifie fatisfaite. La prônerie recommencera, comme fi de rien n'étoit, & moi je recommencerai à rire des grands perſonnages qu'elle propoſe à notre admiration : à tout événement la retraite eſt prudente, & je m'y tiendrai.

Occupations pour occupations, j'aimerois encore mieux les Tragédies. Si l'on a le bonheur de les faire mauvaiſes, on eſt ſûr, au moins, qu'elles réuſſiſſent ; & c'eſt une ſorte de talent auquel, avec de l'attention, il eſt poſſible d'arriver.

Autre rêverie. L'époque actuelle ne ſembleroit-elle pas interdire la carriere des Lettres à tout bon eſprit qui calcule la diſpoſition involontaire, & amenée par les circonſtances, où le Public ſe trouve ſans s'en douter ? Il ſuit, par habitude, un mouvement progreſſif qu'on lui a imprimé ; mouvement dont il ſouffre, qui le fatigue, mais qui l'emporte, parce qu'une fois ſur la pente, il n'eſt plus facile de s'arrêter. Ceci eſt pour les gens profonds, & me fera beaucoup d'honneur, ſur-tout ſi j'ai l'art de le rendre inintelligible.

Depuis aſſez long-tems, fuyant le monde, un peu ſauvage, très-ſolitaire, obligé de me recueillir dans le ſein de mes amis, ou de me ſuffire à moi-même, j'ai été (par mes rêveries mêmes) entraîné à l'obſervation ; & quelques accès de vapeurs m'ont donné des criſes de raiſon, dont j'ai profité, comme on va voir.

Oui, je le répete, il ſeroit fou dans ce moment-ci de prétendre à quelque célébrité littéraire, ſur-tout ſi l'on joint à un talent vrai, l'indépendance qui l'ennoblit, & la fierté qui l'ifole. Voici qui devient férieux; n'importe, fuivons mon idée.

Depuis foixante ans, un homme admirable d'ailleurs, unique peut-être, & fûrement la production la plus éblouiffante qui fût encore fortie des mains de la nature, avoit accoutumé ces prétendus Républicains, appelés gens de Lettres, au joug d'un Dictateur. Ce defpote, autorifé par une foule de titres, avoit une foule de flatteurs qui étoient devenus tyrans fous lui; ces bonnes gens-là, à force d'être les échos & les valets d'un grand homme, ont fait femblant, pour s'arranger une exiftence, d'en être les adorateurs. Ne pouvant pas trop prétendre aux honneurs de l'apothéofe, ils deffervent au moins le Temple du Dieu. En conféquence il leur faut des profélytes ou des martyrs. Ils ont juré de ne laiffer s'élever rien à côté du coloffe de gloire, au nom duquel ils oppriment à bonne intention. Ajoutez à cela un monde dédaigneux, blafé, fatigué d'applaudir, raffafié d'admiration, & dont un feul homme a laffé toutes les trompettes, & tari tous les éloges. Si je le connois bien, ce Public malade & dégoûté; fi je l'ai bien démêlé à travers ma lorgnette, ainfi que ceux qui le font mouvoir, il lui faut à peu près trente ans de froideur pour expier foixante ans d'enthoufiafme; la proportion eft raifonnable. Pendant tout ce tems, ce que j'imagine qu'on puiffe faire de mieux, c'eft de refter les mains jointes, l'œil immobile & la bouche béante devant la Pagode de Brama. La Littérature préfente eft vouée au culte des morts. Voilà pourquoi, moi qui n'y entends rien, j'ai été à peu près rayé du nombre des vivans.

Au refte, l'homme extraordinaire, objet de cette efpece de culte, le rend prefque vraifemblable. Il étoit impoffible de naître avec un efprit plus brillant, plus univerfel, plus fait pour jeter un éclat rapide, & laiffer un long fouvenir. Son goût étoit le réfultat d'une fenfibilité exquife, prompte & délicate. Son imagination reffemble au prifme : elle eft le mélange de toutes les couleurs, de toutes les nuances qui s'y fuccedent, s'y mêlent & fe fondent l'une dans l'autre fans fe brouiller. S'il n'étoit pas créateur par le fond des chofes, il l'étoit par la forme enchantereffe qu'il leur donnoit. Ses conceptions, trop vives pour être profondes, n'en étoient pas moins marquées au coin du génie : il poffédoit, au fuprême degré, l'art des contraftes, le fecret de ces rapprochemens fi piquans, fi bien faits pour ménager au Lecteur ces furprifes charmantes qui le repofent de la fatigue de penfer, & femblent le diftraire en l'inftruifant.

Au ton d'aménité, de politeffe & d'aifance qui régnoit dans l'autre fiécle, il joignoit la légéreté, la grace, & cette fleur d'érudition répandue fur le nôtre, fur-tout cet affemblage de raifon & de frivolité qui l'a rendu fi long-tems l'idole d'une nation, à-la-fois raifonneufe & fuperficielle.

Historien Romancier, Romancier Philofophe, il pique, il plaît, il attache; & l'on ne lui en veut jamais d'être trompé par lui, parce qu'on ne l'eft plus, dès qu'on s'amufe. Perfonne n'a mis, plus que lui, à la portée des gens du monde, les tréfors de la poéfie & de l'éloquence.

C'eft l'Ecrivain de tous les rangs, de tous les âges & de tous les états; & l'on pourroit lui appliquer la devife du foleil : *Non pluribus impar.* Dans fes Tragédies, fans avoir cette énergie, cette logique vigoureufe & féconde, ces combinaifons vaftes de l'Auteur d'*Héraclius* & de *Rodogune*; fans poſſéder cette fageffe, cet enfemble, cet accord de toutes les parties, cette pureté, & particuliérement cette unité de couleur qui diftingue le pinceau de Racine; enfin, fans prétendre aux beautés fombres & mâles de Crébillon, il a eu (par des moyens qu'il s'eft créés) l'adreffe de fe placer à côté d'eux.

Il avoit obfervé que le Public qu'il lui failoit captiver, aimoit mieux les effets fenfibles & frappans de l'action, que les gradations imperceptibles de l'art; la marche impétueufe des paffions, que le calcul des vraifemblances; & la Tragédie pittorefque, que la Tragédie fortement penſée : d'après cette remarque, il a parlé aux yeux, au cœur, à l'imagination; il a déchiré les ames, fait couler les larmes, & laiffé dire les critiques. A tous les dons naturels & acquis, qu'il feroit trop long de détailler, il joignoit une coquetterie d'efprit qui a beaucoup fervi à l'éclat de fa réputation : fa correfpondance étoit univerfelle ; il louoit tout le monde , il écrivoit à tout le monde ; il s'eft, de fon vivant, nommé cent fucceffeurs , parce qu'il étoit bien sûr qu'il n'en auroit pas un. Il avoit été amené par degrés à cette complaifance bannale & intéreffée qui, pour quelques fleurettes, lui valoit des adorations. Dans fa jeuneffe , il prodiguoit moins fes éloges ; il les adreffoit à de jolies femmes, ou à des hommes aimables ; fa gloire alors trouvoit mille contradicteurs. Sur fes vieux jours, il s'eft mis à louer les fots, & il a eu pour lui l'univers.

Tel eft l'homme prodigieux qui, encore un coup, nuit finguliérement aux Lettres après fa mort, à force de les avoir illuftrées pendant fa vie. La réunion de tous les talens dans un feul être , nous refroidit néceffairement pour quelques talens, épars fur différens individus.

Il a épuifé la coupe de la gloire ; il n'y refte plus que la lie ; la boive qui voudra.

MERLIN,

AUX GRANDS HOMMES DES COTERIES,

ÉPITRE. (a)

Ecoutez-moi, mes chers amis,
Je n'aurai pas le ton févere.
Soyez, fi cela peut vous plaire,
Lumineux, profonds, érudits;
Régnez, par vos calculs hardis,
Sur la Peuplade Littéraire.
De Pétersbourg jufqu'à Paris
Tendez le filet falutaire,
Où vont fe prendre les efprits.
Que la clarté fe développe
Avec chacun de vos pamphlets;
Qu'elle étonne, par fes reflets,
Tous les aveugles de l'Europe :
Faites galoper vos agens,
Extirpez les erreurs funeftes :
Mais, pour Dieu, foyez bonnes gens,
Et, fi vous pouvez, plus modeftes.

JAMAIS enfemble on n'accola
L'orgueil & la Philofophie :
Il eft la borne du Génie;
Evitez donc ce travers-là.

---

(1) Cette Epitre avoit déja paru défigurée dans quelques recueils ; on
la donne ici beaucoup plus correcte, & prefque entiérement refondue.
On a cru qu'elle feroit bien placée à la tête de Merlin Bel-Efprit ; il y eft
queftion du même ridicule, & des mêmes originaux.

Avec votre afcendant fupréme ,
Que fervent d'étrangers fecours ?
S'il eft puiffant par fes entours ,
L'homme n'eft grand que par lui-même.
Vous êtes vains , doctes Héros ,
Très-vains : en vérité , vous l'êtes
Comme fi vous étiez des fots.
Vos intrigues font mal-honnétes ,
Vous protégez des étourneaux ,
Vos Sévignés font des caillettes.
Mais , fur-tout , votre dignité ,
Cette confiance profonde
Dont chacun de vous eft doté ,
Convenons-en , vaut qu'on la fronde
Bien-loin d'aimer votre prochain ,
Vous le menez à la baguette.
A vous croire , le genre humain
(Vous à part) languit & végete.
Dieu même eft une idée abftraite ,
Dont vous favez feuls tout le fin ,
Et de fon Etre fouverain
La nature fort imparfaite ,
Pour s'embellir fous votre main.
Que fommes-nous dans votre profe ?
De pauvres gens qu'il faut matter ,
Même , au befoin , perfécuter ,
Afin d'en faire quelque chofe.
Du fommet , d'où vous plongez tous
Sur notre obfcure taupiniere ,
Vous nous pourfuivez dans nos trous ,
Avec des fleches de lumiere.
Cela fini , vous rayonnez
Et levez votre tête altiere ,

En triomphateurs fortunés.
D'un laurier bannal couronnés,
A la file vous courez plaire,
Et l'un de l'autre vous prenez
Un bel encenfoir circulaire,
Avec lequel vous vous donnez
Le plus doux encens par le nez ;
Puis, rentrant dans le fanctuaire,
De l'auréole environnés,
Vous dictez un code à la terre,
Et fes habitans confternés
Attendent, au loin profternés,
Qu'on les fuftige & les éclaire.
A vos pieds le tems eft cité,
Les fiecles vous fervent d'efcorte ;
S'il va poindre une vérité,
Fùt-ce au bout du monde, n'importe.
A l'affût tout exprès planté,
Un fage eft là qui vous l'apporte,
Et, fi le Diable vous emporte,
Ce n'eft qu'à l'immortalité.
Il n'eft pas, à ce qu'on m'affure,
Jufques à Pierre Bagnolet,
Qui ne raifonne à l'aventure,
Et ne foit fou *du produit net* !
Le dimanche, après la grand'meffe,
Pour vous le drôle plein d'amour,
Et, partant, rempli de fageffe,
Commente votre article *Four*
A tous les penfeurs de Goneffe.

Soyez enfin un peu confus ;
Allons, allons, meffieurs les Sages,

Bas les masques, on n'en veut plus ;
On y voit mieux sur les visages.
Pensiez-vous, braves Protecteurs,
Que vos Nains en Philosophie,
Vos Mirmidons Littérateurs,
Et vos Linus sans mélodie,
Grimpés sur le dos des Prôneurs,
Alloient, avec leur psalmodie,
Elever le temple des mœurs,
Et la colonne du Génie ?
Devenez moins vains & plus vrais.
Voyez Buffon, que la Nature
Initia dans ses secrets ;
De sa touche énergique & pure
S'est-il enorgueilli jamais ?
Tous les esprits de même étoffe
Ont brillé sans morgue & sans art ;
Dès qu'on se croit un être à part,
On cesse d'être un Philosophe.
Montagne fit de ses erreurs
L'aveu sincere & magnanime.
Bien plus que la soif des honneurs,
C'est l'amour du vrai qui l'anime ;
Il lut, en riant, dans les cœurs :
Ayant l'air d'effleurer l'abîme,
Il en fonda les profondeurs.
Dans son Dédale politique,
Bacon marchoit en hésitant ;
Aucun d'eux ne fut despotique :
De vous, je n'ose en dire autant.
Montesquieu, bonnement utile,
Alloit puiser ses traits divins
Dans une ame douce & tranquille,

Qu'échauffoit l'amour des humains.
Corneille, que par fois on nomme
Parmi nos Auteurs eftimés,
Lui, que gaîment vous déprimez,
Quoique fublime, étoit bon-homme.
Et tenez, vous en conviendrez,
La Fontaine qu'en confcience,
Par fois, un peu vous dénigrez,
Etoit pétri de bienveillance;
Il vous eût, je crois, admirés,
Tant il étoit plein d'indulgence !
Moi-même enfin, que l'on connoît
Pour le compofé bien complet
Des plus beaux dons de la fageffe;
Moi, qui n'ai plus ce feu follet,
Dont je fis cas dans ma jeuneffe,
Qui, comme on fait, poffede à fond,
Soit les anciens, foit les modernes,
Et qui me fuis montré profond
Dans mon Traité fur les Lanternes, (a)
On ne m'a point vu m'en targuer.
Chacun, fans choquer ma fcience,
Peut librement extravaguer,
Se piquer même d'ignorance.
Tout obtenir, ne rien forcer,
C'eft le confeil de la prudence.
Il ne faut pas, parce qu'on penfe,
Contraindre les gens à penfer.

(a) Il doit paroître inceffamment.

PERSONNAGES.

M. DE NORVILLE.

Me. DE NORVILLE.

DORCI pere, *Capitaine de Vaiſſeau.*

DORCI fils, *Amant d'Hortenſe.*

HORTENSE, *Fille de M. de Norville.*

FORLIS, *Ami de Dorci fils.*

CÉLIMENE.

BÉLISE.

FATMÉ.

CALLIDÈS.

MERLIN, *ſous le nom d'*ULTRAMONTIS, *Secrétaire de Forlis.*

L'Abbé DURCET.

VERSAC.

BROUSSIN, *Perſonnage ſourd, eſpece d'imbécille, qui n'en eſt pas moins un Bel-eſprit.*

FINETTE, *Femme de chambre de Madame de Norville.*

La Scene eſt à Paris, dans la Maiſon de M. de Norville.

MERLIN

MERLIN
BEL-ESPRIT,
COMÉDIE.

ACTE PREMIER.

SCENE PREMIERE.
FORLIS, ULTRAMONTIS.

ULTRAMONTIS.

Eh! oui, Monſieur; chéri, vanté, plein de renom,
Digne de l'enchanteur dont il porte le nom,
Merlin vous attendoit avec impatience.

FORLIS, regardant s'ils ſont ſeuls.

Plus bas: tout s'eſt donc bien paſſé dans mon abſence?

A

U L T R A M O N T I S.

Par-delà notre efpoir. Le Comte Ultramontis,
Car, c'eft de votre aveu ce nom-là que j'ai pris,
Eft un aigle !... ou cru tel : la fille m'eft promife,
Le pere eft ftupéfait, & la mere eft conquife.
Nuls foupçons, & comment en auroit-on ici ?
Je n'ai jamais paru que fous cet habit-ci,
Avec les vêtemens, comme les airs d'un maître,
Et pas une ame enfin ne pouvoit m'y connoître.
Je n'y venois jamais.....

F O R L I S.

Et Dorci ?

U L T R A M O N T I S.

Furieux !

Il n'imagine pas que votre art, dans ces lieux,
Lui fufcite un rival, pour écarter les autres.

F O R L I S.

Conviens donc qu'il eft peu de foins comme les nôtres.
Ne lui dis rien, au moins, & ris de fon courroux.
Sans le vouloir, fa joie agiroit contre nous.
Il m'a toujours aimé, fon bonheur m'intéreffe :
Je le fers par juftice, autant que par tendreffe,
Et de pareils motifs doivent faire excufer

La rufe dont ici je n'ai pas craint d'ufer.
Courage ! en fupplantant auprès de la Norville,
Tous ces originaux, dont elle prend le ftyle,
Fais-lui voir à quel point elle peut s'égarer,
Puifque toi-même enfin t'en es fait admirer !

ULTRAMONTIS.

Eh mais ! écoutez donc, j'en vaux affez la peine,
Et fuis fort étonné que cela vous furprenne.
Si vous me traitez bien, je mérite encor mieux :
J'exerce tous les dons que j'ai reçus des Cieux :
Non pas comme valet, (j'ai craint la fervitude)
Mais en garçon d'efprit, trompant par habitude,
Par attrait, fi l'on veut ; je connois bien mes gens,
Et j'ai choifi les fots, pour vivre à leurs dépens.
Ah ! diable, c'eft un fonds qui jamais ne s'épuife.
L'intrigue eft mon état, la gaîté, ma devife,
Le caprice, ma loi : je refte où je me plais ;
Je pars quand on m'ennuie, & ne dépends jamais.
Très-aifé dans mes mœurs, je tiens fort de ma mere.
Quant à l'incognito que fut garder mon pere,
Je n'y pénétre pas : par eux abandonné,
J'eus recours aux talens. Dans Naple, où je fuis né,
J'appris force latin, fous un fourbe à tonfure,
Profeffant la débauche & la littérature.

Puis, m'exerçant après à duper les époux,
J'efquivai leftement la dague des jaloux,
Et, dans Madrid enfin, mon adreffe importune
Me fit, plus de vingt fois, roffer au clair de lune.
Pendant les nuits, Monfieur, le manteau fur le nez,
Pouffant de longs foupirs prefque paffionnés,
J'efcortois jufqu'au jour l'indifcrette guitare,
Et l'amour malheureux, qui n'eft jamais avare.
Nul autre dans l'Efpagne, & mille en feront foi,
N'efcalade les murs auffi vîte que moi,
Ne gliffe mieux billets dans une jaloufie.
J'ai le pied bon, l'œil prefte, & la main aguerrie.
Je danfe, chante & bois ; j'irois même au-delà,
Et crierois au befoin dans un chœur d'opéra.

F O R L I S.

Oh ! tu feras du bruit . . . . & . . . .

U L T R A M O N T I S.

Quant au littéraire,

Vous favez, Dieu merci, ce que nous favons faire.
Et nos pédans, morbleu ! n'ont qu'à bien fe tenir.
La piece, que contre eux vous m'avez vu finir,
On la jouera ce foir. . . .

F O R L I S.

Bon !

ULTRAMONTIS.

Sans nulle remife.

Trois étoiles pour titre ! hem ! la rufe eft exquife.
Je me cache, & pour caufe. Entre nous, c'eft pourtant
Une farce, d'un ton ! . . . qu'un autre en faffe autant.
Je vous dirai bien plus ; j'ai, dans mon répertoire,
Un chef-d'œuvre tragique & fort lacrymatoire,
Que jouerent jadis des Acteurs Catalans,
Et qu'on fiffla, malgré des endroits excellens !

FORLIS.

Un chef-d'œuvre fifflé !

ULTRAMONTIS.

Mais, oui. . . . je fuis modefte.

FORLIS.

Eh ! tant mieux ! l'incident furpaffe encor le refte.
Moi, je veux qu'à tout rompre on l'applaudiffe ici ;
Et l'honoraire croît, quand l'œuvre a réuffi.

ULTRAMONTIS.

Dites, l'honneur. Sachez que pendant votre abfence,
J'ai fait un code, moi, chef-d'œuvre de démence,
Un grimoire infernal, où je n'entendois rien,

Et qu'en dépit de tout, ils ont trouvé fort bien !
Callidès le premier .... dans son ardeur frivole,
Madame de Norville avec eux en raffole.
Je ne vous trompe point ; le code percera,
Et vous verrez, Monsieur, qu'on vous en parlera.

(*Après un moment de réflexion.*)

Ce Callidès est drôle ! il me suit à la piste,
Le tout, pour me prouver qu'au fond je suis fort triste.
J'ai beau lui rire au nez, n'importe ; il me soutient
Qu'en secret je languis, & qu'un mal sourd me tient.

FORLIS.

A propos, sais-tu bien qu'il a daigné m'écrire ?
A son retour, dit-il, il consent à m'instruire
De tout ce que j'ignore ... & si c'est son projet,
Il court risque, entre nous, de n'avoir jamais fait.
Je l'attends. Il s'est pris à ma candeur crédule.
Ma vénération, qui va jusqu'au scrupule,
Le dispose à me croire, & tout n'en va que mieux.
Je les étonne tous par mon respect pour eux !
Toi, ménage toujours Madame de Norville ;
Sois empressé, galant, change à propos de style.
Je feindrai t'avoir vu dans des cercles brillans,
Où l'on t'aura nommé le phœnix des talens.

Tu vois , tant qu'elle annonce en toi l'époux d'Hortenſe ,
Les rivaux ſont craintifs ; adieu la concurrence.
Leur découragement eſt le fruit de tes ſoins ,
Et l'on pourroit , parbleu , s'enorgueillir à moins.
Callidès juſqu'ici n'a parlé pour perſonne.
Tu tiens tout en ſuſpens , & notre affaire eſt bonne ;
Car, Hortenſe accordée , & je l'eſpere ainſi ,
Ton cœur eſt ſatisfait , & la cede à Dorci.

ULTRAMONTIS.

Quand la fille eſt jolie , & pourroit être nôtre ,
La mitonner ainſi , pour le plaiſir d'un autre ,
C'eſt un peu dur , au moins.

FORLIS.

                Point de réflexion.
Tâche de réſiſter à la tentation.
Madame de Norville approche , ce me ſemble ;
Viens, il faut éviter qu'elle nous voie enſemble.
De ſecrets entretiens pourroient nous déceler ,
Et ce n'eſt qu'en public qu'il faudra nous parler.

(Ils ſortent ſans être vus.)

SCENE II.

Me. DE NORVILLE *un livre à la main, & lisant.*

On n'y tient pas ; on meurt, par-tout on s'extasie :
Les François, à la fin, ont une Poésie !
C'est un secret nouveau ; je crois cela prouvé :
Racine le cherchoit, & Bardus l'a trouvé.

SCENE III.

M. DE NORVILLE, Me. DE NORVILLE.

M. DE NORVILLE.

Je respecte en ces lieux vos doctes solitudes,
Et ne prétends gêner vos goûts ni vos études :
Mais, je voudrois qu'au moins, sauf vos autres loisirs,
La prudence veillât au choix de vos plaisirs.
Votre Cour est bruyante encor plus qu'assidue :
La société plaît, & non pas la cohue.
Tous ceux que vous voyez sont-ils bien éprouvés ?
Votre œil, assez long-tems, les a-t-il observés ?
Dès le premier aspect, ils savent vous séduire,

Vous jugez le dehors ; plus avant il faut lire.
Voulez-vous qu'avec vous je m'ouvre avec candeur ?
Je crains que ces gens-là ne péchent par le cœur.
Des vrais Littérateurs j'eſtime les lumieres,
Je priſe leurs travaux, leurs veilles me ſont cheres ;
En charmant nos chagrins, ils ſont nos bienfaiteurs :
Les bons livres, pour moi, ſont des conſolateurs ;
Mais l'abus de l'eſprit, ſa morgue inſociable,
Eſt de tous les abus le plus inſupportable :
Il bannit la franchiſe & la ſimplicité,
Séche l'ame, la ferme, & détruit la bonté.

Me. DE NORVILLE.

Eh ! que dites-vous donc ? c'eſt par l'ame qu'ils brillent.
De traits d'humanité tous leurs écrits fourmillent.
Ils ont l'heureux talent & le rare ſecret
De ſervir l'univers du fond d'un cabinet.
Que font, après cela, des clameurs peu fondées ?
Ah ! nous touchons, Monſieur, au regne des idées ;
De mille préjugés qui berçoient nos aïeux,
Nos eſprits moins tardifs ſont dégagés par eux.
Nous préſerve le Ciel de voir l'intolérance
Vouloir inquiéter leur noble indépendance !
Qu'ils ſoient libres, chéris, *opulens & fêtés*,
Vous les verrez par-tout ſemant les vérités,

Arriver à la gloire à travers les injures,
Civiliſer l'Europe, à force de brochures !
Mais, ſi de leurs travaux le cours eſt ſuſpendu,
Tout languit, tout s'arrête, & le monde eſt perdu.

M. DE NORVILLE, *avec un peu d'humeur.*
Bon ! ne voilà-t-il pas de leurs mots emphatiques ?
Quoi que puiſſent conter ces bavards dogmatiques,
Le monde ira ſans eux : leurs ſyſtêmes, leur goût,
Et leur Proſe, & leurs Vers, n'y feront rien du tout.
Et puis, de ces objets croit-on qu'ils s'entretiennent ?
Que tout ſoit renverſé, mais que vos ſoupés tiennent,
C'eſt leur vœu. Chaſſez-moi tout cet eſſaim maudit,
Qui ne nous apprend rien, & qui nous étourdit.
Marions notre fille avec Dorci qui l'aime ;
Cet hymen leur convient, il convient à vous-même.
Si j'avois quelque humeur, ces nœuds vont la calmer,
Et ces deux chers enfans, comme ils vont nous aimer !
Bref, laiſſons vos docteurs & leur petit délire ;
L'Europe s'en amuſe, & fait fort bien d'en rire.
Revenons au ſolide ; il faut tenir aux ſiens.
Je crois qu'on n'eſt heureux qu'à force de liens.
Vos gens les rompent tous ; je veux qu'on les reſſerre.
De leur ſublimité nous avons bien à faire !
Il nous faut du bonheur, un eſprit droit, ſenſé,
Et des plaiſirs, ſur-tout pour un âge avancé.

Me. DE NORVILLE, *d'un ton froid & tranquille.*

Pour les mœurs d'autrefois, vous êtes plein de zele,
Et vous venez d'en faire un tableau très-fidele,
Même affez éloquent.

M. DE NORVILLE.

Hé bien! vîte, un aveu.

Me. DE NORVILLE.

Un moment, s'il vous plaît. Comme vous prenez feu!
Quoi, fans nul examen, faut-il qu'on fe décide?

M. DE NORVILLE.

L'examen eft de trop, lorfque le cœur nous guide.

Me. DE NORVILLE.

Il faut, avant d'agir, penfer très-mûrement.

M. DE NORVILLE.

Il faut, fans y penfer, agir par fentiment.

(Callidès entre, & refte un moment au fond du Théâtre.)

SCENE IV.

CALLIDÈS, M. & Me. DE NORVILLE.

CALLIDÈS *approchant.*

Le sentiment!.. mon ame à ce mot se réveille.
Il est si cher au cœur, & si doux à l'oreille!
Liberté, confiance! ô commerce enchanteur!
Ce qu'il ôte à l'ivresse, il l'ajoute au bonheur.

M. DE NORVILLE *à sa femme.*

Je n'y saurois tenir; ce jargon-là m'ennuie.

(*haut.*)

Je vous quitte, & vous laisse en bonne compagnie.
Monsieur m'excusera; je l'écouterois bien,
Mais sans fruit....,son esprit est trop fort pour le mien.

SCENE V.

Me. DE NORVILLE, CALLIDÈS.

CALLIDÈS.

Votre texte, à coup sûr, étoit l'hymen d'Hortenfe ;
Il voudroit que Dorci fît pencher la balance ;
Le bonhomme eft borné. Mais, fans vouloir l'aigrir,
C'eft au meilleur avis qu'il faut favoir tenir.
Je penfe que Verfac....

Me. DE NORVILLE.

Callidès, c'eft qu'un fage
Eft auffi pour ma fille un trop grand perfonnage.
Ultramontis, plus gai, vif, aimable, charmant,
A l'érudition joint encor l'agrément.
Verfac eft taciturne.

CALLIDÈS.

Une tête inventive
Veut du recueillement ; elle en eft plus active....
Il feroit au befoin fort galant.

Me. DE NORVILLE.

Je le crois.

CALLIDÈS.

Il a, dans les journaux, mis des vers autrefois.
Hortenfe, j'en fuis sûr, chérira fon empire;
Croyez qu'il lui dira ... tout ce qu'il faudra dire.

Me. DE NORVILLE *en fouriant.*

Et le Comte, encor mieux.

CALLIDÈS.

Souffrez....

Me. DE NORVILLE.

Eh ! le voici.

SCENE VI.
LES MÊMES, ULTRAMONTIS.

ULTRAMONTIS. (*a*)

AH ! Madame, c'eft vous que je cherchois ici.
Fouillant dans les papiers, dont le tas m'environne,
J'ai trouvé cet effai de Romance Laponne.

---

* Tout ce rôle doit être joué gaiement, follement même, avec *du mordant* dans la plaifanterie, & quelquefois même une certaine *charge comique*, pourvu que ce ne foit pas celle d'un Valet. Un Acteur bouffon tueroit le perfonnage.

J'accours vous l'apporter ; faifant tout à l'envers,
L'amour de Laponie en a diété les vers.
Mais moi, pour faire nargue à votre chromatique,
J'ai rattrapé l'accent de la *douleur antique ;*
C'eft fur ce mode-là que je veux la chanter.

Me. DE NORVILLE.

Vous favez la mufique ?

ULTRAMONTIS.

          Oh ! non, fans me vanter,
Ma tête eut jufqu'ici bien autre chofe à faire.
Je hais fes élémens, leur long préliminaire,
Et vous m'entendriez, raifonneur ennuyeux,
En parler bien plus mal, fi je la favois mieux.
La note eft mon fléau.... loin de moi le technique;
Je m'attache au moral : auffi j'y fuis unique !..
Et, malgré trois doéteurs qui me l'ont défendu,
Mon malheureux efprit s'y jette à corps perdu.

Me. DE NORVILLE.

Quel feu ! quelle gaîté !

CALLIDÈS, *avec poids & gravité.*

          Je n'en fuis pas la dupe.

ULTRAMONTIS.

Oui, vraiment, j'oubliois qu'un grand chagrin moccupe.

Me. DE NORVILLE.

Hâtons-nous ; ce morceau rare, & fait pour tenter,
Avec ma fille & vous, je veux l'exécuter.

ULTRAMONTIS.

Volontiers; mais avant, mon indiſcrette audace,
D'un moment d'entretien ſollicite la grace.
Dans cette Cour, qu'ici vous ſavez captiver,
Juſques à vous, jamais on ne peut arriver.

(*A Callidès.*)

Permettez-vous ?

CALLIDÈS *avec ironie.*

Je vais m'éloigner par prudence,
Et laiſſer un champ libre à votre confidence.

(*Callidès s'éloigne avec un air d'humeur.*)

SCENE

SCENE VII.

Me. DE NORVILLE, ULTRAMONTIS.

ULTRAMONTIS.

JE le foupçonne d'être un tant foit peu jaloux ;
Il voit de mauvais œil que je refte avec vous.
Les grands hommes du jour font fujets à l'envie ;
Moi, je fuis au-deffus.... au fond l'on s'apprécie ,
On fent ce que l'on vaut ; & votre choix, d'ailleurs,
Lui feul me foutiendroit contre mes agreffeurs.
Celui-ci, n'eft-ce pas , fort tenté de me nuire,
Près de vous, en ami, voudroit bien me détruire,
Me fupplanter un peu, fur-tout, vous détacher
Du projet d'un hymen, qu'il efpere empêcher ?

Me. DE NORVILLE.

Point du tout ; Callidès , je crois, vous rend juftice ,
Et fon intention....

ULTRAMONTIS *très-gaîment.*

Dégénére en malice.
Je le révére, moi ; mais c'eft, dans tous les cas ,
Un Docteur très-rufé : ne vous y fiez pas.

B

Aimable, raviffante, & dans votre bel âge,
(Car on n'eft qu'un enfant, avec un tel vifage)
Il vous faut des amis inftruits, mais pleins de goût,
Qui, ne pefant fur rien, prennent la fleur de tout.
Les gens d'un certain ordre ont un certain ufage;
Et puis .... fuir le chagrin, me femble un point fort fage.
Moi, je fais, à peu près, tout ce qu'on peut favoir;
Mais, par fois, je defcends, & ne crois point décheoir.
D'Hortenfe époux futur, je retiens, par avance,
De vos amufemens la joyeufe intendance;
Votre maifon fera le rendez-vous des jeux :
Jouir eft le grand art; c'eft celui des heureux,
Le mien, le vôtre; en vain la raifon fe récrie.
A quoi bon un pédant qui toujours contrarie ?
Repofez-vous fur moi du foin de la bannir.
Oui, dès que votre main aura fu nous unir,
Je veux que votre efprit, fa grace irréguliere,
Chez vous faffent confondre & la fille & la mere.
Attraits un peu formés, ou bien attraits naiffans,
Sont même chofe au fait, c'eft toujours le printems;
Et Paris va connoître, en fa double fortune,
Une Minerve, au moins, & deux Vénus pour une.
La perfpective eft douce, & ne peut effrayer.

   Me. DE NORVILLE, *en minaudant.*
Le moyen, dites-moi, de vous contrarier ?

Mon humeur, près de vous, n'eſt pas reconnoiſſable;
Vous ne flattez, j'écoute, & j'en ſuis plus aimable.
Oui, je vous laiſſerai le maître abſolument,
De marier chez moi l'étude & l'enjouement.

ULTRAMONTIS.

Ah! çà, que Callidès, avec ſa mine auſtere,
N'aille pas déranger ce que nous voulons faire,
Chicaner nos projets.

Me. DE NORVILLE.

Non, non, ne craignez rien.

(*En ſouriant.*)

L'une des deux Vénus vous ménage un ſoutien.

ULTRAMONTIS.

Il faut encor, je crois, ménager ....

Me. DE NORVILLE.

Qui ?

ULTRAMONTIS.

Bathile.

Il eſt ſans frein, ſans mœurs, mais il aura du ſtile.

Me. DE NORVILLE.

Il eſt ſi confiant, & ſi préſomptueux !

ULTRAMONTIS.

De quoi vous plaignez-vous ? eh, Madame, tant mieux !
Le public, affez dupe en difpenfant la gloire,
Ne croit vraiment qu'à ceux qui s'en font fait accroire.
Et puis, un peu d'orgueil, mobile des vertus,
Eft d'obligation, d'après nos inftituts.
J'en ufe avec fuccès au profit de la fecte ;
Nous fommes infolens, afin qu'on nous refpecte.
Regardez Dorilas & fon air de dédain !
Où donc en feroit-il, s'il n'eût pas été vain ?
Je fuis dans le fecret ; lui-même il fe méprife.
Mais on peut (en payant) l'employer dans la crife ;
Il écrit tant qu'on veut, pour ou contre, & très-bien ;
Supérieur à tout, il ne répugne à rien.
Que faire ? S'il perfifte à nous vendre fa plume,
Eft-il jufte qu'en vain pour nous il fe confume ?...
Oh ! non : fans être ému, je ne peux y penfer,
Et c'eft un bon valet qu'il faut récompenfer.

Me. DE NORVILLE.

Nous verrons ; mais cédez à mon impatience ;
Il me tarde, entre nous, de favoir la Romance.

ULTRAMONTIS.

Ah ! le genre lapon a pour vous de l'attrait ?

(En riant & lui donnant la main.)

Vous avez tous les goûts, & c'eſt ma foi bien fait.
N'excluons jamais rien ; c'eſt être auſſi trop dupe.
Aujourd'hui l'on amuſe, & demain l'on occupe.
Savans, ou turlupins, tout me va, tout eſt bon ;
En changeant de folie, on a toujours raiſon.

Fin du premier Acte.

ACTE II.

SCENE PREMIERE.

DORCI, HORTENSE, FINETTE.

DORCI.

(*A Hortense.*)   (*A Finette.*)

Un mot...un seul instant...retiens-la....Belle Hortense,
C'est trop me condamner à fuir votre présence.

HORTENSE.

Quoi! Dorci, vous osez vous montrer en ces lieux?

FINETTE.

Eh ! que n'ose-t-on pas quand on est amoureux ?
Quoi! n'a-t-il pas pour lui, son amour & son âge,
Votre pere & Finette ?

HORTENSE.

Allons, tu n'es pas sage.

(*à Dorci.*)

Ma mere me défend de vous parler jamais.

DORCI.

Eh ! que répondez-vous à cela ?

HORTENSE.

Je me tais.

DORCI.

Ce silence....

FINETTE.

Est prudent.

(*A Dorci.*)

Oh ! je l'ai bien conduite.
Vous avez deux rivaux à présent.

DORCI.

Parle vîte.

Quel est l'autre ?

HORTENSE.

Versac.

DORCI.

Quoi ! ce triste rêveur ?..

FINETTE.

Rêve à vous supplanter.

HORTENSE.

Il en veut à mon cœur.

FINETTE.

Oui, vraiment, il leur faut des femmes agréables,
A ces maudits lettrés, plus malins que des diables!
Je ne les peux souffrir; je suis bien moins que vous,
Mais je ne voudrois pas d'un savant pour époux :
Eux, toujours eux, puis rien. Malgré leur excellence,
J'aime mieux rester fille avec mon ignorance;
Je sais . . . . ce que je sais, & cela me suffit :
On peut rire & jaser, sans avoir tant d'esprit.

DORCI.

Finette a bien raison, tant d'esprit nuit à l'ame;
C'est la vôtre aujourd'hui que mon amour réclame.
Promettez-moi de fuir ces horribles liens,
Qui, faisant vos malheurs, mettroient le comble aux miens.

HORTENSE.

Oui, je vous le promets. . . .

FINETTE.

Moi, je le certifie.

HORTENSE.

L'amour est courageux, quand tout le justifie.
Dorci, je ne sais rien; mais, fidele à l'honneur,
Pour ne pas m'égarer, j'ai consulté mon cœur.
Oui, ses impressions sont les seules que j'aime;

L'attrait d'une ame tendre est plus sûr qu'un systême.
Tenez, je crois sentir cette vérité-là.

(Mettant la main sur son cœur.)

A-t-on besoin d'un guide ?... il faut le chercher là.
Il s'en échappe un cri, vainqueur de l'imposture ,
Et nos devoirs y sont écrits par la nature.
Le plus vrai, le plus doux, cher Dorci, c'est d'aimer
L'objet que cent vertus nous ont fait estimer ;
De lui garder sa foi, d'adorer son image ,
Et, s'il est malheureux, de l'aimer davantage.

DORCI, au comble de la joie.

Je craignois, je tremblois ; ce mot m'a rassuré :
Vous rendez à la vie un cœur désespéré.

HORTENSE, croyant entendre quelque bruit.

Finette ?

FINETTE.

Eh ! oui, je vois ce qui vous a troublée.
De nos savans, voici la salle d'assemblée.
Ils pourroient....

DORCI.

Les cruels ! ils ignorent le prix
Des momens enchanteurs que l'amour a surpris.

HORTENSE.

D'un désordre . . . qui plaît.

DORCI.

D'un soupir qui s'échappe.

FINETTE.

D'un regard qu'on devine, ou d'un mot qu'on attrape.
Paix ! . . . j'imagine bien qu'ils ignorent aussi
Que par-tout on les hait, & que l'on s'aime ici.
Ne nous trahissons pas.... Ciel ! je crois les entendre !
Non .... c'est Forlis ...

HORTENSE.

Dorci, s'il alloit nous surprendre ?
Il vient ; adieu.

FINETTE à Dorci.

Bon-jour.

DORCI.

Restez. Pourquoi le fuir ?

HORTENSE.

S'il nous voyoit ensemble, il iroit nous trahir.

FINETTE à Dorci.

Vos amis sont discrets.

(Elles sortent.)

SCENE II.

FORLIS, DORCI.

FORLIS.

N'ÉTOIT-CE pas Hortenſe ?

DORCI, *plein de trouble & d'agitation.*

Cruel!.. elle ne peut ſouffrir votre préſence.
Nous, Forlis, nous, liés dès nos plus jeunes ans,
Pouvons-nous bien avoir des goûts ſi différens ?
Je ne reconnois plus vos mœurs, votre droiture,
Cet eſprit ſimple & juſte, ami de la nature.
A mes perſécuteurs vous vous êtes livré ;
Par leurs principes faux, ils vous ont égaré.
Cependant aujourd'hui je me vois leur victime.

FORLIS, *dans le plus grand calme. (a)*

Vas, crois que ma conduite eſt ſage & légitime.
Un tems, j'ai craint pour toi leur animoſité.

DORCI.

Moi, Forlis, je la brave, & ſuis pour l'équité.

FORLIS *d'un ton ironique.*

Ils ont pourtant chez eux . . . .

____

(a) Cette oppoſition bien marquée de la part des Acteurs,
doublera l'effet de la Scene.

D o r c i, *avec impatience.*

Voyons, nomme, propofe
Six de ces Meffieurs-là, qui vaillent quelque chofe.
Eft-ce un Monfieur Brouffin, perfonnage important,
Arbitre fouverain, qui ne voit, ni n'entend ?
Vas, vas, ils ont chez eux (je connois leur fineffe)
Des tartuffes de goût, ainfi que de fageffe.
Voilà, pour te charmer, des titres fort touchans !
Moi, je fais grace aux fots, mais non pas aux méchans;
Et l'on fait s'ils le font ! . . . Egoïftes fuprêmes,
Leur Dieu, c'eft l'intérêt; ils n'aiment rien qu'eux-mêmes.
Quelque prix qu'il en coûte, ils veulent dominer,
Attirent pour corrompre, & prônent pour régner.
Leur trafic effronté de louange ou de blâme,
De tout tems, j'en conviens, a révolté mon ame;
Douce, fenfible & franche, elle ne peut fouffrir
Qu'on veuille la tromper, la contraindre, ou l'aigrir.
Dans la fociété, je vois avec colere
Ou le mal qu'ils ont fait, ou le mal qu'ils vont faire.
Leur feul mérite eft l'art d'écarter, à deffein,
Tout juge impartial, tout efprit droit & fain,
Pour exalter un fat qui les voit, les encenfe,
Et fait, incognito, grand honneur à la France ;
Un Comte Ultramontis, que je démafquerai . . . .
Je ferai mieux encor, car je l'éconduirai.

FORLIS, *avec sang-froid.*

Calme-toi; si tu n'as que ce rival à craindre,
Je n'imagine pas que tu sois fort à plaindre.

DORCI.

Madame de Norville en est folle.

FORLIS.

Tant mieux!

DORCI.

Hé bien! moi, j'en suis las; il choque ici mes yeux.

FORLIS.

Je te jure pourtant qu'il te sert à merveille.
Sois tranquille, je fais ce que je te conseille.

DORCI.

Tranquille? eh! oui, tranquille! A propos, d'aujourd'hui
Mon pere est arrivé.

FORLIS *toujours posément.*

Tu vois, c'est un appui.

DORCI.

Il parlera du moins.

FORLIS.

Il sait braver l'orage.

DORCI, *d'un air triomphant.*

Il vient décidément preſſer mon mariage ;
Je compte là-deſſus. . . .

FORLIS.

Vas, il n'y pourra rien.
Je n'y ſais qu'un ſecret, mon cher, & c'eſt le mien.

(*Tirant ſa montre.*)

Voyons ; mon heure approche. On entre ; c'eſt Norville.

DORCI.

Et mon pere avec lui. . . .

FORLIS.

L'entretien eſt utile.

(*A part , en ſortant.*)

Je vous laiſſe ; & vais lire avec ſécurité
Un Drame . . . . trop mauvais, pour n'être pas goûté.

SCENE III.

M. DE NORVILLE, DORCI pere, DORCI fils.

DORCI pere, en embraſſant ſon fils.

Ah ! te voilà ? bon jour. D'où vient cet air timide ?

DORCI fils.

Je crains ....

DORCI pere , avec une bruſquerie gaie.

C'eſt fort mal fait ; il faut être intrépide.

(*A Norville, en riant.*)   (*A ſon fils.*)

Vois, cet étourdi-là ... pas mal tourné ? ... Crois-moi,
Vas penſer à ta Belle ; on va parler pour toi.

SCENE IV.

DORCI pere, M. DE NORVILLE.

DORCI. (*a*)

J'AI jeté l'ancre ; allons, mes courses sont finies ;

J'ai visité nos ports, j'ai vu nos colonies,

Et je touche au repos que je m'étois promis.

Il est si consolant de revoir ses amis !

Elle date de loin notre amitié. . . . Norville,

Il faut la resserrer, & rien n'est plus facile.

Nous avons, tu le sais, deux amans à pourvoir.

Ton Hortense & mon fils, n'ont encor que l'espoir.

Il est tems qu'en effet leur bonheur s'accomplisse :

L'amour les assortit, que l'hymen les unisse.

Un tel engagement ne peut être qu'heureux :

Il est devoir pour nous, s'il est plaisir pour eux.

(*a*) Le bon sens, la franchise, une gaité piquante, à force d'être naturelle, un peu de rudesse, que la sensibilité tempere, & jamais de grossiéreté ; tels doivent être pour le jeu les caracteres de ce rôle, le contraste le plus heureux que j'aie pu donner aux pédans maniérés, froids ou impertinens que j'introduis dans cet ouvrage,

NORVILLE.

NORVILLE.

A cet engagement je veux être fidele ,
Et ton impatience est assez naturelle.
Mais, depuis ton départ, tout a changé de ton ;
Et tiens, je ne suis pas maître dans ma maison.
Ma femme, que tu vis douce, aimable , enjouée ,
N'est plus qu'une pédante, aux chimeres vouée ;
Dogmatisant sur tout , jargonnant sur les arts ,
Et m'ennuyant, Dieu sait , dans ses doctes écarts !
Elle est folle aujourd'hui de certains personnages
Qui l'ont ensorcelée avec leurs griffonnages.
Tout l'esprit de la France est ici rassemblé ;
Elle a toujours bien dit, avant d'avoir parlé ;
Et, lorsque sa raison a l'air de s'en défendre ,
C'est par sa vanité qu'ils ont l'art de la prendre.
On érige en miracle un billet qu'elle écrit :
Les bourreaux m'ont gâté son cœur & son esprit.

DORCI.

Tout cela ne fait pas qu'en son impatience ,
Mon fils, tout bonnement, n'aime & n'épouse Hortense,

NORVILLE.

Votre fils est aimable , il est rempli d'honneur ;
Mais, malheureusement, il n'est point un penseur.

Dorci.

Parbleu, je voudrois bien qu'il s'avisât de l'être!
Il ne s'y jouera pas ; il fait trop me connoître :
Je ne l'ai point inftruit à penfer plus que moi.
Qu'il ferve fon pays, fe batte pour fon Roi ;
Qu'il foit loyal, humain, s'exprime avec fon ame ;
Qu'il aime fes amis, fes devoirs & fa femme…
Voilà les fentimens qu'on lui fut infpirer ;
Et Dorci les aura, j'ai lieu de l'efpérer.
Mon éducation fut un peu négligée ;
La fienne eft plus brillante, & fut mieux dirigée.
Avec de la franchife, on n'a befoin de rien :
C'eft mon fyftême, à moi ; mais la grace fied bien.
Il en a, j'en conviens ; ta fille en eft chérie,
Et je fuis le valet de la Philofophie.
Elle a beau m'étaler fes auguftes appas ;
L'amour eft fon ancien, il doit avoir le pas.
Ufe d'autorité.

Norville.

Quel conte ! Avec ce ftyle,
Contre moi je mettrois & la Cour & la ville.
Ma femme tient à tout.

Dorci.

Oh ! comme il lui plaira ;

Mais, puifque tu confens, mon fils époufera.
Il eft tems qu'à mon tour j'exige quelque chofe.

NORVILLE.

Encore un coup, fur moi que ton cœur fe repofe;
La modération eft l'art qui m'appartient.
La violence aigrit, & la douceur obtient.

DORCI.

Bah! à ta place, moi, j'enverrois tout au diable,
Ma femme & fes docteurs.

NORVILLE.

      Parti fort raifonnable!

DORCI.

La modération n'eft point de mon reffort :
Qui s'emporte a raifon, & la foibleffe a tort.
(*On entend des applaudiffemens derriere le Théâtre.*)
Quel eft donc ce train-là? le plaifant tintamarre!

NORVILLE.

Je ne fuis pas furpris qu'il t'ait paru bizarre.

(*Les applaudiffemens recommencent.*)

DORCI.

Il redouble!

NORVILLE *à part.*

    Ah! vraiment, l'ouvrage a réuffi.
C ij

DORCI.

L'ouvrage !... Encore un coup, qu'eft-ce donc que ceci ?
Sommes-nous chez des fous, ou fuis-je chez Norville ?

NORVILLE.

Chez des fous.

DORCI.

Ton humeur eft auffi trop facile.

NORVILLE.

C'eft une tragédie.

DORCI.

Aprés ?

NORVILLE.

Qu'on applaudit.

DORCI.

Quoi ! l'on joue à cette heure ?

NORVILLE.

Eh ! non pas ; mais on lit.

DORCI, *riant avec éclat.*

Tu ne plaifantes pas ? La burlefque aventure !
Oh ! c'eft être endiablé de la littérature.

NORVILLE.

Que veux-tu ? c'eſt, dit-on, un chef-d'œuvre divin,
Que l'on ne peut, mon cher, admirer trop matin.
Rêvant à tout cela, ſi j'en crois l'apparence,
Ma femme, cette nuit, ſe récrioit d'avance ;
Elle battoit des mains !…

DORCI.

Cette nuit ! tout de bon ?
Et tu ne voudras pas la mettre à la raiſon ?
D'un ſommeil ſi bruyant prévenir la tempête ,
Et l'apprendre à rêver, ſans te rompre la tête ?
Le bel-eſprit eſt certe un étrange tourment !
Corbleu ! c'eſt bien le moins qu'on ſoit bête en dormant.

NORVILLE.

Le bruit ceſſe.

DORCI.

Tant mieux.

NORVILLE.

La lecture eſt finie.

DORCI.

Peſte ſoit du lecteur & de ſon beau génie !

SCENE V.

LES MÊMES, FINETTE.

FINETTE.

Ah! Monsieur, je me meurs!

DORCI.

De quoi donc ?

FINETTE.

C'est d'ennui !

NORVILLE.

C'étoit le mal d'hier.

FINETTE.

C'est le mal d'aujourd'hui.
Je me suis attachée au trou de la serrure,
Pour tâcher d'attraper ma part de la lecture.
L'Auteur, comme un démon qu'on vient de conjurer,
Dans l'endroit le plus tendre, avoit l'air de jurer,
Et puis rouloit des yeux !... Quant à la Tragédie,
Jamais on ne brocha pareille rapsodie.
C'est un vilain corsaire, amoureux comme un fou
D'un minois Africain, tombé je ne sais d'où.

Un grand flandrin de Prince arrive à la traverse ;
Quand il voit son rival, il tombe à la renverse :
On le releve, il pleure .... & très-heureusement,
Le corsaire intéresse un peu plus que l'amant ;
C'est-là le coup de maître ... Après viennent les crimes.
Des spectres voltigeans sur le bord des abîmes ;
Une Dame voilée, une autre .... & cætera.
Mon Dieu ! les sottes gens que tous ces héros-là !
N'importe ; on s'extasie, & le délire entraîne.
Bélise & Célimene en auront la migraine.
» Moi, dit l'une, j'ai cru périr au dénouement !
» Oh ! l'admirable horreur, dit l'autre en grasseyant.
» Que l'on plaint ce tyran étouffé dans la foule !
» Ce bûcher de la fin, fait venir chair de poule !
» On n'entend rien au nœud, tant il est bien formé !
» Le cinquieme acte étonne ... ah ! comme il est rimé ! »

NORVILLE.

Finette, c'est assez.

DORCI.

Non pas, laisse-la dire.

FINETTE.

J'ai tant bâillé, Monsieur, qu'il m'est permis de rire.

DORCI.

Dis, est-elle à ta femme ?

C iv

NORVILLE.

Oui.

DORCI.

J'aime son minois.
Et comment donc sur elle a pu tomber le choix
De ton illustre épouse ?

NORVILLE.

En tout, son esprit brille ;
Elle flatte la mere, & ne sert que la fille.

DORCI.

Une telle conduite est pleine de bon sens.
Elle juge à merveille, & peint très-bien ses gens.
Pour ce double mérite, il faut que je l'embrasse.

FINETTE.

Moi ?

DORCI.

Toi. Je ne suis point un lecteur à la glace,
Mais un brave marin, ardent & résolu,
Qui ne démâre point de ce qu'il a voulu.

FINETTE.

Monsieur est dans le vrai.

DORCI.

Mais, oui, j'ai des principes.

FINETTE.

Oh! cela saute aux yeux....

(*Dorci embrasse Finette malgré elle.*)

NORVILLE *en riant.*

Comme tu t'émancipes!

Chut. La docte cohue approche de ces lieux.

DORCI, *ramassant son chapeau qu'il a laissé tomber en embrassant Finette.*

Et moi, très-brusquement, je te fais mes adieux.

SCENE VI.

Me. DE NORVILLE, CÉLIMENE, BÉLISE, CALLIDÈS, BROUSSIN, l'abbé DURCET, VERSAC, FATMÉ, FORLIS.

(Broussin s'assied seul, appuyé sur sa canne.)

(Versac réfléchit profondément, & écrit de tems en tems sur un manuscrit assez volumineux.)

Me. DE NORVILLE *regardant Forlis.*

C'EST un vrai phénomene! il faut qu'il aille aux nues.

BÉLISE.

Que de sensations . . . . jusqu'alors inconnues!

FATMÉ, *en grasseyant.*

Une touche si fine!

Me. DE NORVILLE.

Un faire si moëlleux!

CÉLIMENE.

L'ensemble!

BÉLISE.

Les détails!

Me. DE NORVILLE.

Le style merveilleux !
Avez-vous remarqué ces nuances légeres,
Et l'art approfondi dans ses moindres mysteres ?
Jusqu'à ce Roi cruel , tout à su m'attendrir.

FATMÉ, *en grasseyant.*

Tenez , j'ai le cœur gros de l'avoir vu mourir.

Me. DE NORVILLE, *criant très-haut à*
l'oreille de Broussin.

Que dites-vous, Monsieur, de cette Tragédie ?

BROUSSIN, *se levant comme pour sortir, &*
frappant le plancher avec sa canne.

Dialogue plaisant ! … très-bonne Comédie !

FORLIS *étonné.*

Hem ! …

Me. DE NORVILLE.

Paix donc.

CÉLIMENE.

Il est sourd ; n'importe, il s'y connoît.
C'est convenu. …

Me. DE NORVILLE, *à Durcet & à Broussin.*

Messieurs, du zele, s'il vous plaît ;
Annoncez qu'un chef-d'œuvre est tout prêt à paroître.
Forlis l'aura conçu . . . . mais vous l'aurez fait naître.

DURCET, *à Versac & à Broussin.*

Oui, venez, mes amis, & que Forlis enfin,
Très-obscur aujourd'hui, soit célebre demain.

(*Durcet , Versac & Broussin sortent ensemble.*)

SCENE VII.

LES MÊMES, excepté BROUSSIN, VERSAC
& DURCET.

(*Les femmes, dans cette Scene, font assises.*)

FORLIS.

MESDAMES, à propos, irez-vous voir la piece
Que ce soir on nous donne ?

Me. DE NORVILLE.

Ah ! la belle finesse !

FATMÉ, *en grasseyant.*

Un ouvrage sans titre.

CÉLIMENE.

Eſt-il de Floridor ?

CALLIDÈS.

On le ſoupçonne, au moins.

FORLIS.

Il écrit bien.

CALLIDÈS, *lui faiſant ſigne.*

Encor ?

Me. DE NORVILLE.

Ce Floridor, Monſieur, eſt, dit-on, très-honnête,
Mais c'eſt un homme, au fait, qui n'a rien dans la tête,
Qui, de ſes vieilles mœurs toujours enveloppé,
Vit obſcur, & chez moi n'a point encor ſoupé.

FORLIS.

Ah !...

CÉLIMENE.

Songez un peu plus que vous êtes unique.

FATMÉ.

Ne l'oubliez jamais.

BÉLISE.

Et bravez la critique,

Me. DE NORVILLE.

Le Comte Ultramontis ne l'a point entendu.

FATMÉ, *toujours grasseyant.*

J'en suis toute affligée.

CÉLIMENE.

Il a beaucoup perdu.

CALLIDÈS.

Quel bruit !...

SCENE VIII.

LES MÊMES, ULTRAMONTIS; *il arrive en dansant : tout le monde se leve.*

ULTRAMONTIS.

Ma foi, je viens avec vous me distraire.
J'ai sur l'Esprit des Loix fini mon commentaire.
Je me sens plus léger.

FATMÉ.

Il compose en dansant.

ULTRAMONTIS.

Tout bon Napolitain faute prefque en naiffant.
Oh! vous ne voyez rien. J'ai plus d'une reffource :
Voulez-vous quelque jour que j'arrange une courfe ?
J'ai gagné vingt paris ; je vais comme le vent,

(Regardant Callidès.)

Ce qui n'eft pas commun, fur-tout dans un favant.
Sur quelque beau courfier de légere encolure,
Barbe, Anglois, Andaloux, il faut voir mon allure,
Et bien fin qui prendra le plus rufé , je croi,
Fût-il Normand dans l'ame, à broncher avec moi.

Me. DE NORVILLE.

On ne peut trop louer, tout haut je le confeffe,
Un érudit fi rare.

FORLIS.

Et de fi neuve efpece !

Me. DE NORVILLE.

Qui folâtre & differte, à-la-fois nous fait voir
L'efprit du cabinet.

ULTRAMONTIS, *en riant.*

Et celui du boudoir,

Me. DE NORVILLE.

Brille par des talens que sans cesse il varie.

FORLIS, *ne pouvant s'empêcher de rire.*

Veut rappeler les mœurs de la Chevalerie.

BÉLISE.

De son sexe a l'ardeur.

CÉLIMENE.

Du nôtre le caquet.

FATMÉ.

Chante comme Amphion.

ULTRAMONTIS.

Et court comme un Jaquet.

Me. DE NORVILLE.

Croiriez-vous qu'en courant il a fait un ouvrage,
Où l'esprit créateur étonne à chaque page?

ULTRAMONTIS.

(*Bas à Forlis.*) (*Haut, & avec une emphase comique.*)
Le Code.... Vieux Solon, pauvre Justinien,
Vos plans législatifs sont détruits par le mien.
Cette main défricha des régions incultes,
Et l'on pourroit noyer tous les Jurisconsultes,

Sans

Sans que leur perte en rien fût nuifible aux mortels.
Je leur donne des loix, j'en attends des autels.

(*Raſſemblant les Dames autour de lui.*)

Oui, j'ai fait un corps ſain d'un corps foible & malade.
Un village, un royaume, une ſimple peuplade,
Tout eſt réglé, conduit par le même reſſort.
C'eſt un ébranlement qui, donné ſans effort,
S'accroît … ſe communique, &, comme … par magie,
Part, fait monter la ſeve, augmente l'énergie,
Chaſſe, pouſſe au dehors les vices clandeſtins ….
Et voilà ce qui fait le bonheur des humains !

(*Il s'eſſuie le front.*)

CÉLIMENE.

Quel coup d'œil !

ULTRAMONTIS.

Lumineux.

FORLIS.

Sur-tout très-ſalutaire.

ULTRAMONTIS *à Forlis en le pouſſant.*

Pour laiſſer admirer, ſi vous vouliez vous taire ?
Comme ſi tout-à-coup, & d'un eſprit diſtrait,
On pouvoit embraſſer un auſſi vaſte objet.

(*Tout le cercle rêve, & demeure quelques inſtans dans
la méditation.*)

D

Me. DE NORVILLE *après avoir rêvé.*

Oh! j'y fuis; je vous tiens. Chaîne immenfe & fuivie!

ULTRAMONTIS, *en regardant Callidès.*

J'ai trouvé le point fixe, & dérouté l'envie.
Le monde peut aller .... & s'ils forment des vœux,
Après cet écrit-là, ma foi .... tant pis pour eux.

FATMÉ, *à Me. de Norville.*

Je voulois vous quitter ; je l'écoute, & je refte.

BÉLISE.

J'avois deux rendez-vous.

ULTRAMONTIS.

Précis? ... Je les détefte,
Et j'y manque toujours.

Me. DE NORVILLE.

Séparons-nous pourtant.

ULTRAMONTIS.

Et moi donc, n'ai-je pas plus d'un foin important ?
Juftement, c'eft le jour de ma correfpondance.

(*A Fatmé.*)
Il étoit tems, vraiment, de fonger à la danfe ?

(A Madame de Norville.)

Je vais faire partir mes lettres pour Pékin,
Car le Chinois se forme.

Me. DE NORVILLE.

(A Callidès.) (A Forlis.)

A ce soir.... A demain.
Pour dîner avec moi, ces étrangers m'attendent.

CALLIDÈS.

On sait que pour vous seule, en France, ils se répandent.

Me. de NORVILLE, *à Callidès.*

Oui, j'espere qu'un jour, grace à votre raison,
L'Europe adoptera les mœurs de ma maison.

*(Ils sortent tous, excepté Callidès & Forlis. Ul-
tramontis suit, accompagne Madame de Norville,
& fait des signes à Forlis.)*

SCENE IX.

CALLIDÈS, FORLIS.

C A L L I D È S, *ramenant Forlis sur le devant de*
la Scene.

Dans ce moment, Monsieur, une affaire m'appelle.
Mais ici, dans une heure , avec le même zele,
Rendez-vous , s'il vous plaît ; & d'un esprit remis ,
Nous aurons l'entretien que je vous ai promis.

Fin du second Acte.

ACTE III.

SCENE PREMIERE.

CALLIDÈS *observant long-tems Forlis avant de lui parler.* **FORLIS**, *d'un air soumis & respectueux.*

CALLIDÈS *avec une sévérité pédantesque.*

Vous avez l'esprit juste, & cet utile ensemble
Qui joint les fils épars que l'analyse assemble.
Vos crayons sont précis, & vos traits prononcés;
Vous marchez sur les pas que nous avons tracés,
Et n'êtes point sujet aux écarts du génie;
Vous l'avez bien prouvé par votre Tragédie.
Mais le talent n'est rien, & la conduite est tout.
Il faut vous observer sur vos regles de goût,
Changer d'opinions, fronder les plus admises,
Du vieux Littérateur dépouiller les sottises.
Prenez garde, Monsieur, le siecle est avancé;
Nos aïeux écrivoient, & nous avons pensé.
De certains préjugés il faudra vous défaire.
Voyons; sur les Auteurs que l'Europe révere,

Eſtimés autrefois, modeles foi-diſans,
Dans ces jours de raiſon, quels ſont vos ſentimens ?
Du point d'où vous partez, peſez les convenances,
Meſurez les progrès, & jugez les diſtances.

F O R L I S, *avec légéreté.*

En matiere de goût, ſi vous le trouvez bon,
Je juge par l'inſtinct, plus que par la raiſon.
Ce qui me plaît eſt bien, c'eſt ma ſeule réponſe.
Oui, c'eſt toujours, chez moi, le plaiſir qui prononce;
Et la réflexion a ſouvent confirmé
Ce facile abandon d'un eſprit déſarmé.
J'en conviens à ma honte, il ne peut, quoi qu'il faſſe,
Soumettre à l'examen ce qui tient à la grace.
C'eſt ce duvet ſi tendre, à la fleur attaché,
Qu'on ne retrouve plus, ſitôt qu'on l'a touché.
Par exemple, ſi j'oſe accorder un ſuffrage,
Horace me paroît un véritable Sage.
Il ſemble ſe jouer autour du cœur humain;
Il y gliſſe le trait, & fait cacher la main.
Virgile. . . . Mais ſur eux me taiſant par prudence,
Revenons aux Auteurs qu'a pu juger la France.
Des Poëtes, Corneille eſt, je crois, le premier.
Hors de l'humaine atteinte, il a mis ſon laurier.
Son rival que j'adore, & qu'après lui je nomme,

Sans marcher sur sa trace, est encore un grand homme.
Je ne sais; mais, Monsieur, j'ose estimer Rousseau,
Et je me suis permis quelque goût pour Boileau.
Si je me suis trompé, que mon guide m'éclaire.
Je marche dans la nuit, & j'attends la lumiere.

C A L L I D È S.

Pour vous, dans ce moment, vous me voyez consus.
Tout cela fut jadis; mais tout cela n'est plus.
Corneille & ses héros sont des énergumenes.
Nous avions bien besoin de ses vertus Romaines !
Il n'est rien de plus sot qu'un peuple conquérant,
Et c'est l'objet qu'il peint, en nous l'exagérant.
Il a fait, si l'on veut, des scenes tolérables;
Mais son style a vieilli, ses plans sont misérables :
Et comme, enfin, du style on est sur-tout frappé,
Ariston monte au rang qu'il avoit usurpé.
Vous aimez donc Rousseau ? l'étrange fantaisie !
Quelques pâles lueurs de vieille Poésie ,
Voilà votre Pindare . . . infortuné rimeur,
Ayant peu de génie, avec beaucoup d'humeur !
Boileau, correct & froid, n'est point du tout sensible...
Comment ? vous en doutez ? toujours incorrigible !
Mais, dans ma poétique, on vous l'a démontré. . .
C'est de votre croyance un article sacré,

D iv

Et l'arrêt que rendra, selon toute apparence,
L'autre postérité, que nous formons d'avance.

FORLIS.

Eh bien ! moi, j'en croyois deux arbitres puissans.

CALLIDÈS.

Autre écart ! Qui sont-ils ?

FORLIS.

Le public & le tems.

CALLIDÈS.

Le tems commence à nous, de l'instant où nous sommes.
Le tems est destructeur ; nous seuls créons des hommes.
Quant au public, son joug vous tient donc absorbé ?
Le public est, Monsieur, terriblement tombé.

FORLIS.

S'il s'alloit relever ?

CALLIDÈS.

Chimere ! vains scrupules !
Où donc avez-vous pris ces frayeurs ridicules ?

FORLIS.

Pauvre esprit que j'étois ! je m'écriois souvent :
La médiocrité domine insolemment ;

Le mérite oublié languit sans récompense ;
Il vit dans l’abandon, & meurt dans l’indigence.
Des vices que j’ignore ont produit tout cela ;
Nous avons des tyrans !... mais le public est là.
Tout s’altere & périt ; toute secte est fragile ;
Lui seul compose un corps qui demeure immobile.
Egaré quelquefois, & jamais corrompu,
Il aime le génie, il cede à la vertu ;
Les solides honneurs, c’est lui qui les dispense ;
Des réputations il tient seul la balance,
Et devient, tôt ou tard, dans ses droits affermi,
Des talens outragés le vengeur & l’ami.
Tels étoient mes discours ; quel travers ! quelle ivresse !
Ce que c’est qu’un faux pli de l’aveugle jeunesse !

CALLIDÈS.

Il faut trancher le mot : vous êtes bien gâté.
Mais le soin obtient tout de la docilité.

FORLIS.

Je m’abandonne à vous.

CALLIDÈS.

On saura vous instruire.

Vous êtes bon, trop bon, & vous pourriez vous nuire.
Vous saurez avec nous ce qu’il faut dénigrer ;

Vous connoîtrez les gens, qu'il convient d'admirer.
Après le coup d'éclat que vous venez de faire,
Montrez-vous feulement ; le refte eft notre affaire.
A tout, par nos entours, vous ouvrant un accès,
Travaillez peu vos vers, & beaucoup vos fuccès.
Tenez tête au mortel qui n'a qu'un nom ftérile,
Et rampez fous le Grand qui peut vous être utile.
Le mot d'humanité m'a fort bien réuffi ;
Vous pourrez, au befoin, vous en aider auffi.
La rigueur cependant eft par fois néceffaire ;
L'oppreffion, hélas ! eft un droit littéraire . . .
Vous y viendrez un jour, pour chaffer nos fleaux,
Et défendre l'efprit des attentats des fots.
Pour cela, ne cherchez que les cercles d'élite ;
Pefez, calculez tout, & même une vifite.
Rien n'eft indifférent ; voyez beaucoup Eglé,
Car, il faut que de vous chez elle on ait parlé ;
Les débuts fe font là ; tout le refte ira vîte ;
Qu'on vous eftime...foit : mais il faut qu'on vous cite.

F O R L I S.

Vous favez que de moi le fexe eft adoré,
Quand l'efprit eft chez lui par les graces paré.
Ces traits ne font pas ceux de l'Eglé qu'on renomme ;
Elle parle, elle penfe, elle hait comme un homme.

CALLIDÈS.

Eh ! qu'y trouvez-vous donc de si fort à blâmer ?
Il faut savoir haïr, pour savoir bien aimer.
La jugez-vous, d'ailleurs, sur un bruit populaire ?
Elle a trop réfléchi, pour ne pas savoir plaire.
Embrassant, j'en conviens, des objets trop hardis,
Elle a quelques défauts, mais elle a ses mardis ;
Ce n'est que ces jours-là qu'à Paris on raisonne ;
C'est, en un mot, Monsieur, les mardis qu'elle étonne.
Vous en aurez trop cru Blunt, Ariste, Damis,
Et ces Messieurs, je crois, ne sont pas ses amis.

FORLIS.

Ils ont eu des succès qui les ont fait connoître.

CALLIDÈS, *avec surprise.*

Où donc ? dans nos maisons les a-t-on vu paroître ?
Ces succès prétendus sont des titres contre eux.

FORLIS.

Mon maître, permettez !… ne vaudroit-il pas mieux
Que nos Littérateurs, imitant leur sagesse,
Dussent tout au talent, & rien à la souplesse ?
Que ces rivaux unis, par le même chemin
Allassent à la gloire, en se donnant la main,
De l'émulation ressentissent la flâme,
Non ces feux de la haine, attisés dans leur ame ?
Ne vaudroit-il pas mieux que, plein d'aménité,

L'efprit, ce don du ciel, fût joint à la bonté ?
Peut-être, alors, ce titre en feroit plus augufte :
Plus on eft éclairé, plus on doit être jufte.

CALLIDÈS.

De ces vifions-là, qui vous a donc bercé ?
Votre cerveau, vraiment, eft un peu renverfé.
Dans la fociété, même la plus unie,
Tout fe meut par les chocs, & par l'antipathie.
Sous la main du plus fort, le foible fe débat ;
Quand on commence à vivre, on commence un combat ;
Tout eft guerre & parti, le meilleur eft le nôtre,
Et, pour le bien du monde, il anéantit l'autre.
Notre efprit feul prévaut ; fes leçons immortelles
Savent des grands objets defcendre aux bagatelles.
Oififs, ou non, la gloire a pour nous mille échos :
Mon dernier rhume, enfin, fut mis dans les journaux.

FORLIS.

C'en eft fair, je me rends ; ma docile ignorance,
Après ce dernier trait, fe foumet en filence.
Mon efprit déformais humblement vous croira,
Et vous ferez de moi tout ce qu'il vous plaira.

CALLIDÈS, *avec vivacité.*

Prouvez-le… & dans l'inftant.

FORLIS.

Quoi !

CALLIDÈS.

Vous aimez le Comte ?

FORLIS.

Oh ! j'en conviens, beaucoup.

CALLIDÈS.

Votre ame est vive & prompte ;
Elle observe assez peu.

FORLIS.

Je n'en suis pas fâché ;
Quand on observe trop, on n'est guere attaché.

CALLIDÈS.

Mais, est-il (sauf l'égard qu'on doit à sa noblesse)
Des bons Ultramontis ?

FORLIS.

Des meilleurs qu'on connoisse,
L'héritier de leur nom, ainsi que de leur rang.
Sur cet article encor, je serai son garant ;
Et tenez ... comme à moi dans tout genre il se lie,
Nous parcourions tantôt sa généalogie :

De l'ordre qu'on y voit, vous feriez étonné !
Je vous dirois la date où ce Seigneur est né ,
La minute , le jour, le lieu, la circonstance.
Ce n'est pas moi qui peux douter de sa naissance ;
Et tout Naples, d'ailleurs, confirmant mon récit....

CALLIDÈS, l'interrompant.

A ce qu'il me paroît, vous êtes bien instruit ?
Mais, puisqu'enfin, du sien, votre esprit seul dispose,
De lui vous devriez exiger une chose.

FORLIS.

Quoi donc ?

CALLIDÈS.

De renoncer à sa prétention
Sur Hortense.

FORLIS.

Ecoutez ; je fais l'intention
Du Comte ; &, sans mentir, j'ai cru voir qu'il s'entête
A suivre son projet. Le moyen qu'on l'arrête !...
Il aime.

CALLIDÈS.

Il aime ? lui ! dont le ton libertin ....

FORLIS.

Mais il a le sang vif, il est Napolitain.
Affaire de climat.

CALLIDÈS.

Tentez...

FORLIS.

Quoi que je fisse ...

CALLIDÈS.

Puisqu'on ne peut de vous arracher ce service,
J'agirai pour mon compte.

FORLIS *à part, & gaîment.*

Et j'agis pour le mien.

(*Haut.*)
J'attendrai la faveur d'un nouvel entretien.

CALLIDÈS.

Allez, & profitez.

(*Les autres Originaux entrent.*)

SCENE II.

CALLIDÈS, la Société des Originaux.

CALLIDÈS, *montrant Forlis qui sort.*

MESSIEURS, ce profélyte
Voit fon infuffifance, & fent votre mérite....

DURCET.

Bon !.. mais que fait le Comte ?

SCENE III.

LES MÊMES, ULTRAMONTIS.

ULTRAMONTIS, *feignant d'être effoufflé, &
fe jetant dans un fauteuil.*

OUF ! ouf ! je fuis rendu.

DURCET.

Hé bien ?

ULTRAMONTIS.

L'adreffe eft vaine, & l'efpoir eft perdu.
VERSAC.

VERSAC.

Comment ?

ULTRAMONTIS.

Depuis deux jours, c'est une confcience,
Je creve mes chevaux, je perds mon éloquence,
Et me mets en avant, pour r'habiller encor
La réputation de ce maudit Mondor. . . .
Rien. Cela ne rend pas ; on rit de mes grimaces.
Non, je n'ai jamais vu les efprits fi tenaces.
» En tout point, difent-ils, cet homme eft un oifon.
» On le fait, on le voit. »

CALLIDÈS.

Hé bien ? . . . ils ont raifon.
Mais, Monfieur, prenez garde, il nous eft néceffaire.
Il faut qu'il ait un nom ; j'ai promis.

DURCET.

Comment faire ?

CALLIDÈS, *après avoir rêvé, & les raffemblant*
autour de lui.

Arifte a des écrits qui font affez goûtés,
Et qui, lorfqu'on voudra, lui feront difputés.
Humble dans fa conduite, ainfi que dans fon ftile,
Sa réputation lui devient inutile.

E

Ce qui n'eſt rien pour lui, pour l'autre eſt un tréſor:
Il faut en diſpoſer en faveur de Mondor.

V E R S A C, après avoir réfléchi.

Point d'inconvénient à cela.

D U R C E T.

Nul.

U L T R A M O N T I S.

De grace …

V E R S A C.

Très-fortement conçu !

U L T R A M O N T I S.

Du ſang froid.

C A L L I D È S.

De l'audace.

Nous le dirons ; d'abord on nous démentira:
Nous le répéterons , & puis on nous croira.

U L T R A M O N T I S.

Je ne réponds de rien.

C A L L I D È S.

Moi de tout.

ULTRAMONTIS, *avec la charge comique.*

                        Il m'enflâme !

Frere Platon me parle, il m'a transmis son ame.
Vers l'immortalité, Mondor fait un grand pas.
Oui, notre homme la tient ; mais qu'il n'écrive pas,

CALLIDÈS.

Je sens bien, comme vous, qu'il faudra l'y contraindre.

ULTRAMONTIS.

Des oisifs, tant qu'on veut ; les sots sont plus à craindre.

    (*Avec une dignité & un sérieux plaisant.*)

Passe pour celui-ci. Çà, parlons à présent
Sur un point qui pour nous est plus intéressant.
L'amour-propre est par-tout. Grace à notre artifice,
Dans le cœur le plus dur, la louange se glisse ;
Elle y coule, s'étend, l'épanouit enfin !
Quand il est bien loué, l'hébêté se croit fin.
Mais, en louant les uns, on révolte les autres :
Je m'y suis attendu ; la secte a ses apôtres,
Elle a ses ennemis : il faut nous en venger,
Et faire repentir qui nous ose outrager.

    (*D'un ton oratoire.*)

Egoïstes humains, persécuteurs paisibles,
Vous qui brillez sur-tout par les *incompatibles* ;

Quelques jaloux obscurs se glissent dans Paris,
Et j'apporte à vos yeux la table des proscrits.

(*Il tire une grande pancarte de sa poche.*)

DURCET.

Lisez, nous sommes prêts, & Broussin même écoute.
(*Broussin se rapproche d'Ultramontis.*)

ULTRAMONTIS.

Le rimeur Alcidas.

CALLIDÈS.

Je sais qu'il nous redoute.
Il flotte, il tergiverse ; on prétend qu'il est doux ;
Il n'est pas contre nous, mais il n'est pas pour nous.

DURCET.

Vite, le crayon noir.

VERSAC, *d'un air distrait & écrivant.*

La tiédeur est coupable.

ULTRAMONTIS.

Ergaste.

DURCET.

Comment donc, il nous courtise ?

ULTRAMONTIS.

Fable.

Je fais qu'il voit les gens que nous avons notés.

CALLIDÈS, *d'un ton fentencieux.*

C'eft un efprit diffous dans les frivolités.

ULTRAMONTIS.

Incapable d'effor , infenfible au fublime ,
Ayant l'air d'ignorer le prix de votre eftime.

DURCET.

Puni, comme infracteur. Après ? qui ?

ULTRAMONTIS.

D'Orvilé.

CALLIDÈS.

Il vient de réuffir, fans m'en avoir parlé.

(*Brouffin commence à s'affoupir, & fe laiffe aller fur
un fiége auprès d'Ultramontis.*)

ULTRAMONTIS, *avec beaucoup de vivacité.*

Ces fraudes-là, Meffieurs, tirent à conféquence ,
Et la fociété doit en tirer vengeance.
Il faut faire un exemple, & qu'on fache à jamais
Que nous poffédons feuls le tarif des fuccès.

E iij

Durcet.

Les autres ?

Ultramontis.

Des rieurs, des plaifans déteftables.

Callidès.

Pour les plaifans, fur-tout, foyons inexorables.

Ultramontis.

C'eft peu que leur pays s'arme pour les punir,
De l'univers favant il faudra les bannir.

(*A Durcet.*)

Allons, l'abbé, courage ! A vous le Nord fe fie ;
Ameutez Pétersbourg & fon Académie.
Décochez ce journal, encor trop indulgent,
Où la haine voyage, & croît en voyageant.
Employons à l'envi, pour fervir ou pour nuire,
L'art de la prônerie & l'art de la fatire.
Verfac, pour l'Italie il nous faut un pamphlet ;
Deux mots dans l'Inde auffi feroient un bon effet.
Ce furet des foyers, qui nous dit les nouvelles,
D'un hémifphere à l'autre en enverra de belles !
Brouffin.... maudit dormeur ! Brouffin !... réveillez-vous.
Il a le fommeil dur.... Confpirez avec nous.

BROUSSIN *se réveillant.*

Moi, je suis toujours prêt : me voilà, je conspire.

ULTRAMONTIS, *avec la chaleur d'un conjuré.*

Il faut parler contre eux ; contre eux il faut écrire.
Faites-les promptement haïr des Electeurs.
Quant à moi, mes pinceaux ne seront pas flatteurs.
J'ai des facilités, je le dis sans mystere,
Pour les faire abhorrer des penseurs d'Angleterre.

  (*Radoucissant sa voix.*)

Ces attentions-là, ces moyens innocens,
Dans l'univers entier nous font des partisans.
Cela n'empêche point que, toujours pleins de zele,
Nous ne vantions par-tout l'union fraternelle ;
La paix, la douce paix, seul trésor des humains,
Le contrat social, & ses nœuds les plus saints.
Tels sont mes sentimens ; ce parti seul nous reste.

    (*Baissant les yeux.*)

Je crois en conscience, & d'un esprit modeste,
Qu'en cette circonstance il faut se déchaîner ;
Mais, si l'on nous admire, il faudra pardonner.

(*A ces mots, Broussin devenant tendre, embrasse Ultramontis, & ils restent quelque tems dans cette
attitude.*)

  VERSAC, *les observant.*

Charme de l'union ! quel groupe !

DURCET.

Je l'admire.

ULTRAMONTIS *à Brouſſin.*

Vous nous promettez donc quelque lourde ſatire ?
Hem ! vous êtes en fond.

BROUSSIN, *avec une importance bête.*

Comptez ſur un ſoutien.
Je vois peu, j'entends mal, mais je comprends fort bie

___

SCENE IV.

LES MÊMES ; Me. DE NORVILLE , DORCI
pere, entrant par deux côtés oppoſés.

DORCI *à Madame de Norville.*

MADAME, excuſez-moi ſi j'ai forcé la porte.
Un valet incivil, & que le diable emporte,
M'a dit d'un ton capable, » on ne peut entrer là. »
Il ne ſait ce qu'il dit; car, enfin, m'y voilà.
J'ai, très-heureuſement, achevé mon voyage.
Je reviens à propos : votre fille eſt en âge.
Ils s'aiment; vous ſavez qu'ils doivent être unis,
Et je viens réclamer tout ce qu'on m'a promis.

Me. DE NORVILLE, *aux Originaux.*

Peut-être ai-je tardé ; mais vous avez, je pense,
Plus tôt que de coutume, ouvert votre séance.
Vous venez, si j'en crois votre sérénité....

ULTRAMONTIS.

D'agir pour la concorde & pour l'humanité.

Me. DE NORVILLE.

Quels célestes penchans ! ... vous me voyez ravie ! ...
Le divin Colonel m'a tenu compagnie ;
Il m'a lu son traité sur le colimaçon.

ULTRAMONTIS.

Diable ! c'est un beau champ pour l'érudition !

Me. DE NORVILLE.

Unique ! il a vanté mes extraits de chimie,
Rangé mes papillons, parlé d'astronomie ;
Puis, amoureusement penché sur un sopha....

ULTRAMONTIS.

Un Sage, quoi qu'il fasse, en revient toujours là.

Me. DE NORVILLE.

J'oubliois.... contre Gluck il m'a promis d'écrire.

(Dorci trépigne d'impatience.)

ULTRAMONTIS.

C'eſt fort bien fait ! j'en veux à tous ceux qu'on admire.

Me. DE NORVILLE, *lui préſentant une brochure.*

Exceptez cependant cet écrit ; il m'a plu.

ULTRAMONTIS.

Faut-il lire, ou prôner avant que d'avoir lu ?

(*Ouvrant le livre.*)

C'eſt un conte !... badin ?... d'un des nôtres, je gage ?
Gaîté philoſophique.

Me. DE NORVILLE.

Et galant perſifflage.

DORCI, *furieux.*

Voudrez-vous, un inſtant, laiſſer vos papillons,
Et votre perſifflage, & vos colimaçons,
Pour....

Me. DE NORVILLE, *impatientée.*

Ma fille eſt, Monſieur, d'une extrême jeuneſſe.

DORCI.

Seize ans,....hem ! c'eſt mon compte.

Me. DE NORVILLE.

Eh! mon Dieu! rien ne preſſe.

DORCI.

Tout presse pour mon fils, car il est amoureux.
Qui peut vous engager à retarder ces nœuds?
Peut-on faire trop tôt un mariage utile ?
Nuls motifs de délais, & de déterminer, mille.

Me. DE NORVILLE.

Si vous le permettez....

DORCI.

Quoi?

Me. DE NORVILLE.

Dans un autre tems,
Nous parlerons, Monsieur, de ces arrangemens.

DORCI.

Un autre tems ! ma foi, cette lenteur m'offense.
Quels sont donc, dites-moi, vos propos d'importance ?
Et quels soins, s'il vous plaît, sont plus intéressans
Que d'aimer, d'élever, d'établir ses enfans ?

CALLIDÈS.

Monsieur, en poursuivant vos courses militaires,
Avez-vous remarqué le progrès des lumieres?

DURCET.

Acquiert-on plus d'enſemble ?

ULTRAMONTIS.

A-t-on des réſultats ?

VERSAC.

Généraliſe-t-on ?

DORCI, *à Madame de Norville.*

Je ne les entends pas.
Ils me le revaudront vos fameux perſonnages !
Peut-être quelque jour j'écrirai mes voyages,
Et je garde en mon livre un chapitre pour eux,
Dont le ſtyle, à coup ſûr, ne ſera pas mielleux.
Oh ! leur diable de ton eſt auſſi trop bizarre !
Ils parlent, Dieu me damne, une langue barbare,
Et je vais parier qu'en s'examinant bien,
Eux-mêmes, quelquefois, ils n'y comprennent rien.
D'ailleurs, s'ils ne faiſoient que des énigmes, paſſe ;
J'en devine par fois : mais ils ſont pleins d'audace.
Qu'ils viennent ſur mon bord, je les régalerai....
Il eſt certains égards que je leur apprendrai.
En bon & franc Gaulois, qui gaîment les invite,
Je ſaurai les traiter, tous ſelon leur mérite.

En attendant, Meſſieurs, retenez bien ceci :
J'ai vu des fous par-tout, mais par-tout moins qu'ici.

SCENE V.

LES MÊMES, excepté DORCI.

Me. DE NORVILLE.

Qu'ENTENDS-JE ? Pardonnez.

CALLIDÈS.

Bon!

ULTRAMONTIS.

Bagatelle pure.

DURCET *furieux.*

Des fous !

ULTRAMONTIS.

Paix donc, l'abbé ; quand on penſe, on endure.

DURCET.

Cela va s'ébruiter ; notre honneur eſt perdu.

VERSAC, *qui écrivoit ſur une table.*

Qu'eſt-ce que l'on a dit ?

B R O U S S I N, *stupéfait.*

Je n'ai rien entendu.

D U R C E T.

Le brutal ! la fureur échauffe encor mon zele ;
Je cours, &, contre lui, je vais faire ....

U L T R A M O N T I S.

Un libelle.

(*Durcet rencontre un domestique qui le heurte & le
fait tomber.*)

(*Ultramontis le poursuivant d'applaudissemens.*)

Bravo ! bravo !

(*Broussin sort avec Durcet qu'il releve.*)

SCENE VI.

UN LAQUAIS, LES MÊMES, excepté DURCET
& BROUSSIN.

LE LAQUAIS.

(A Ultramontis.)

Quel choc ! Monsieur, on vous attend
Chez Monsieur de Forlis.

ULTRAMONTIS.

Oui, je sais.

LE LAQUAIS.

A l'instant,
Vous avez rendez-vous, dit-il, chez la Duchesse.

ULTRAMONTIS *le congédiant.*

Oh ! cette femme-là me poursuivra sans cesse.

(Le Laquais sort.)

SCENE VII.

LES MÊMES.

Me. DE NORVILLE.

Qu'est-ce donc ?

ULTRAMONTIS.

Elle donne un spectacle la nuit,
Et, par elle obsédé, moi seul ai tout conduit.
Un gala magnifique, avec des voix superbes !
Grande chere d'abord, après quoi des proverbes.
J'y jouerai, par égard, un amant déguisé.
Le rôle est fort piquant, mais il n'est pas aisé.
Ensuite six bouffons, bien payés pour mal faire,
Viendront exécuter un ballet .... funéraire.
Motus ; c'est un essai bizarre, j'en réponds !
Il faut de nouveaux pas ; il faut de nouveaux sons....
Mais.... la Duchesse attend.

Me. DE NORVILLE.

Quoi ! nous quitter si vîte ?

ULTRAMONTIS.

Pour l'instant, je ne fais qu'une simple visite ;

Ce

Ce n'eſt que pour la nuit qu'on a beſoin de moi.
Ce ſoir, j'ai tout mon tems, & j'en ai fait l'emploi.
Je ne differe plus, car la Dame eſt quinteuſe,
Très-encline à l'humeur, ſur-tout fort envieuſe;
Et chez elle je vais, quel qu'en ſoit le danger,
Ne parler que de vous, pour la faire enrager.

(Il ſort : Madame de Norville le ſuit des yeux.)

SCENE VIII.

Me. DE NORVILLE, CALLIDÈS, VERSAC.

CALLIDÈS, *à Me. de Norville.*

JE vois votre engoûment; mais pourroit-il s'étendre
Juſqu'à vous amener au choix d'un pareil gendre ?
Si vraiment des grands noms vous aimez la ſplendeur,
Il faudroit vous réſoudre en faveur de Monſieur.
On peut vous dire tout : ſachez donc un myſtere,
Dont, avec moi, vous ſeule êtes dépoſitaire.
Il fait en ce moment un livre univerſel.

Me. DE NORVILLE.

Comment ?

C A L L I D È S.

Voilà d'où vient son silence éternel.
Il me dit l'autre jour : » Paroles hasardées
» Sont autant de larcins qu'on fait à ses idées. »

Me. D E N O R V I L L E.

Sublime!

C A L L I D È S.

Hé bien! parlez .... un aveu; nous régnons,
Et nous tenons Paris avec vos deux maisons.
Votre main, du Parnasse ouvrira les barrieres;
Des Socrates naissans vous tiendrez les lisieres.
Vous aurez chaque soir un travail avec nous,
Et l'Europe savante aura les yeux sur vous.
Songez-y. Balancer, c'est nous faire une injure.

(*S'approchant d'elle, & en confidence.*)

Ce mariage importe à la littérature.

Me. D E N O R V I L L E.

J'y vois.... vous le savez, de forts empêchemens.
Avec Ultramontis, j'ai des engagemens.

C A L L I D È S, *du ton le plus pressant.*

Rompez-les; tout le veut, tout vous en sollicite;
Les grands objets d'abord, les procédés ensuite.

Toujours foible !... toujours de petits préjugés !
Mais, voyez donc pour eux ce que vous négligez !

Me. DE NORVILLE.

Pardon.... Un tel reproche a de quoi me confondre ;
Mais dans ce moment-ci, je ne puis rien répondre.
Je vais trouver ma fille, &, desirant son bien,
Faire parler son cœur, pour faire agir le mien.

(*Elle sort.*)

SCENE IX.

CALLIDÈS, VERSAC.

VERSAC.

Tout est rompu : ces nœuds faisoient si bien mon compte !

CALLIDÈS.

Tenez, j'ai des soupçons sur ce Monsieur le Comte.
A peu de frais, je crois, on peut s'en amuser :
Pour le bannir, je veux le ridiculiser.
Je feins de soupçonner qu'il est mélancolique,
Passionné dans l'ame, enfin, très-énergique,
Capable, en certain cas, de prendre un grand parti !...
De cette opinion il est enorgueilli,

Et j'en profiterai.... C'eft une extravagance,
Dont je m'avife, afin d'éprouver fa conftance.
Cette épreuve, vous dis-je, à coup sûr fervira;
Nous verrons de quel air le drôle la prendra.
L'homme d'efprit s'obferve, un bouffon fe décele :
Venez, efpérez tout, & comptez fur mon zele.
Non, non, un tel rival n'eft pas bien dangereux :
L'autre eft prefqu'éconduit, nous les vaincrons tous deux.

Fin du troifieme Acte.

ACTE IV.

SCENE PREMIERE.

FORLIS, ULTRAMONTIS.

FORLIS.

Hé bien ! fais-je t'aider & tenir mes promesses ?
Te voilà, cher Merlin, couru par des Duchesses !

ULTRAMONTIS.

La Bourgeoise crédule, & qui m'aimoit déja,
A donné tout du long dans ce beau panneau-là.
Elle est folle à présent, &, bravant sa famille,
M'épouseroit, je crois, si ce n'étoit sa fille.

(*En riant.*)

Mais, c'est aux filles, moi, que je vise toujours ;
De tout tems ce principe a guidé mes amours.
Il est bon, excellent. Je crois que c'est le vôtre,
Et tout homme d'esprit n'en aura jamais d'autre.
Quoi qu'il en soit, pourtant, je commence à trembler ;

F iij

Je fens fort bien jufqu'où tout ceci peut aller.
Ce Monfieur de Dorci me fait des yeux horribles,
Plus menaçans, plus noirs ! leurs regards font terribles.
Je ne puis remuer, prenez garde à cela,
Sans être galopé par ces maudits yeux-là.
Ils ont beau s'expliquer, m'annoncer quelque efclandre,
Je m'obftine toujours à ne pas les entendre.
Mais, Meffieurs les jaloux font gens très-emportés,
Et je crains de fa part quelques indignités,
Qui me compromettant....

FORLIS.

Allons, pourfuis, tiens tête.
Pour un homme brillant, peu de chofe t'arrête.
Qu'importe que Dorci te regarde un peu noir ?

ULTRAMONTIS.

Eh mais ! dans quelque coin, s'il me trouvoit le foir ?
Tout brillant que je fuis, je ne fuis pas fon homme :
Quand un rival s'y met, on prétend qu'il affomme.
L'obfcurité vaut mieux.

FORLIS.

Quoi qu'il en foit, Merlin,
Il faut qu'à notre honneur nous en venions enfin.

Si Dorci nous devine, en son ardente ivresse,
Il ira tout gâter ce qu'a fait ton adresse.
Prévenons de ses feux les transports imprudens :
Je compte bien instruire Hortense avec le tems.
Jusques-là, bouche close, il le faut; patiente.
Endure un jour encor son humeur pétulante.
A propos, dis-moi donc ?...

ULTRAMONTIS.

Que voulez-vous savoir ?

FORLIS.

Ta piece, n'est-ce pas, est toujours pour ce soir ?

ULTRAMONTIS.

Toujours.

FORLIS.

Es-tu content ?

ULTRAMONTIS.

Elle fera scandale.
J'ai su, sans être vu, me glisser dans la salle.
La répétition, Monsieur, m'a consterné.
Ces malheureux Acteurs, ils ont tout anoné.
L'un parle entre ses dents, l'autre qui s'inquiete,
Regarde dans le trou du souffleur qu'il répete.

F iv

Les tirades fur qui j'avois le plus compté ?
Infipides.... les traits ? néant. Tout a raté.
Les nez auront beau jeu, fi cela continue.
La piece à Floridor par bonheur s'attribue :
Moi, j'entretiens ce bruit ; je le trouve très-bon,
Et je me fais fiffler par procuration.

FORLIS, en riant.

Oui ?

ULTRAMONTIS.

C'eft une douceur ; enfin, je m'exécute.
Merlin, pour le fuccès, Floridor, pour la chute.

FORLIS.

Motus : quelqu'un s'avance ; on entre, c'eft Dorci.
Refte : adieu, je me fauve, & te laiffe avec lui.

SCENE II.

DORCI fils, ULTRAMONTIS.

DORCI.

C'EST vous que je cherchois. Un mot, & je vous quitte.

ULTRAMONTIS, *avec une importance comique.*

Apprenons, avant tout, le but de la visite.
Je vois.... d'instruction, vous êtes amoureux,
Vous venez à la source, avouez....trop heureux !...

DORCI, *agité, & ne se possédant qu'à peine.*

Non, non; l'instruction n'est point ce qui m'attire,
Et la vôtre, sur-tout, ne pourroit me séduire.
Vous allez, m'a-t-on dit, vous marier ?...

ULTRAMONTIS, *d'un air vague & distrait.*

                          Le fait
Est incertain.

DORCI.

              Est sûr. Ce n'est plus un secret.
Vous épousez Hortense ?...

ULTRAMONTIS.

                Elle en vaut bien la peine;

Et j'aurois, en ce cas, des rivaux par douzaine.
Convenez, elle est fraîche & piquante .... ma foi,
C'est un minois, Monsieur, fait tout exprès pour moi.

F O R L I S.

Fort bien; mais j'avois, moi, la parole du pere,
Et l'aveu de la fille, & celui de sa mere.

U L T R A M O N T I S, *prenant une prise de tabac.*

C'est quelque chose....

D O R C I, *trépignant d'impatience.*

Oh ! tout. Je vous le prouverai.

ULTRAMONTIS, *froidement.*

J'en doute; j'ai des droits, & je les soutiendrai.

D O R C I.

Vous, songer à l'hymen où prétend ma tendresse !

U L T R A M O N T I S.

Le célibat pourra tempérer votre ivresse.

D O R C I.

A vos desseins, sur l'heure, il vous faut renoncer.

U L T R A M O N T I S, *à part, & gaîment.*

Ceci ne laisse point que de m'embarrasser.

DORCI.

Allons, promettez-moi....

ULTRAMONTIS.

                  Si vous vouliez permettre
Qu'on pût tout discuter, avant de rien promettre.

DORCI.

Eh ! non ; parlez, optez .... ou je ne réponds pas ....

ULTRAMONTIS.

Moi, je réponds de tout : ces amoureux débats
Ne doivent point, je crois, troubler mon équilibre....
Je combine ....

DORCI.

                Cédez : après, vous serez libre.

ULTRAMONTIS, *jouant la colere.*

C'en est trop : dans tout Naple, on vous dira, je crois,
Que les Ultramontis se fâchent quelquefois.
Ils s'observent d'abord, tant qu'on veut ; mais ensuite
(J'en préviens) un éclair ne prend pas feu plus vîte.
Je sais même qu'alors ils sont un peu brutaux.
Le sage devient homme, & l'homme est un héros.

            (*Il se détourne pour rire.*)

D O R C I.

Hé bien ? donc, but à but. Lorſque l'amour me preſſe,
J'exterminerois, moi, les ſept Sages de Grece.

U L T R A M O N T I S, *reprenant ſon ſérieux.*

Exterminer ! tenez, le mot eſt un peu fort.
En l'évaluant bien, vous en ſerez d'accord.

D O R C I.

Chicanez ſur les mots, ſoit.

U L T R A M O N T I S.

La remarque eſt ſûre.

D O R C I, *mettant la main ſur ſon épée.*

Moi, voici mon génie & ma littérature.

U L T R A M O N T I S.

Moi, ce n'eſt pas la mienne.

D O R C I.

Ah ! c'en eſt trop ; enfin,
Ou qu'on me cede Hortenſe, ou l'épée à la main.

U L T R A M O N T I S.

Ou l'épée à la main ! ſentez-vous la portée
De cette alternative ?

D O R C I, *furieux.*

Elle est très-méditée.

U L T R A M O N T I S, *posant la main sur la garde de son épée, & se ravisant.*

Mettez donc au hasard d'un combat incertain,
Un cerveau créateur, utile au genre humain !...
Quand je peux voir, en paix, mûrir ma destinée,
Au feu d'une valeur vague, & mal ordonnée,
Je m'abandonnerois !... moi, docte citoyen !
Vous verrez qu'on sera philosophe pour rien....
Non, Monsieur, battez-vous, comme aux tems d'ignorance ;
Dieu merci, nous touchons aux jours de la science.
J'en profite, & j'espere, en mes vœux modérés,
Mourir tard, comme ont fait tous les gens éclairés.

D O R C I.

Je le suis maintenant sur ce que je dois croire
D'un si brave rival....

U L T R A M O N T I S.

Il est d'aimer la gloire
Différentes façons ; j'ai choisi celle-là.

D O R C I.

Aussi, pour vous juger, je vous attendois-là.

J'apperçois Callidès, qui vers ces lieux s'avance,
Et d'un tel entretien, je fens trop l'importance,
Le fublime fur-tout !... pour que j'y fois pour rien.

ULTRAMONTIS, *à part.*

Bon !

DORCI.

Ferme !... à raifonner, encouragez-vous bien.
La valeur rifque trop ; la peur eft falutaire.
Confervez-vous, faquins, pour éclairer la terre.

(*Il fort en regardant, avec dédain, Callidès qu'il*
rencontre & qui arrive très-pofément.)

SCENE III.

CALLIDÈS, ULTRAMONTIS.

ULTRAMONTIS, *à part & toujours gaîment.*

ATTRAPPE.... Avec cet autre, on peut du moins caufer.
Nos courages, je crois, doivent fympathifer.

CALLIDÈS, *avec beaucoup de gravité, & auffi froid*
que Dorci a été bouillant.

Comment ? par quel hafard vous vois-je en conférence
Avec ce jeune fou, tout pêtri d'ignorance ?...

ULTRAMONTIS, *l'interrompant.*

Et d'un maudit amour qui n'entend pas raison.
Il eſt ennemi né de la diſcuſſion ,
Et qu'en arrive-t-il ? qu'au moindre choc , je gage ,
Les eſprits animaux ont ſur lui l'avantage ;
Eſprits fort querelleurs , & dès-lors très-gênans.
Comment ?...c'eſt qu'ils en ſont par fois impertinens.

CALLIDÈS.

Il court un bruit confus qu'il idolâtre Hortenſe.
Il croit, parce qu'il aime, avoir la préférence.
Peut-être , que ſait-on, parce qu'il eſt aimé ,
Il s'en flatte, & voilà mon jeune homme allumé !
Il conſulte ſon cœur, & le cœur eſt ſi bête !

ULTRAMONTIS.

Le vôtre eſt plus raſſis.

CALLIDÈS.

     Avec un peu de tête ,
On ſe met au-deſſus de ſes illuſions.

ULTRAMONTIS.

Moi, je tiens pour les ſens. Je ſuis de ces fripons ....
Qu'entre nous la nature a fait très-combuſtibles.

CALLIDÈS.

Et dès-lors de ſoucis encor plus ſuſceptibles.

ULTRAMONTIS.

De foucis !.. Oui, bien vu. Quoi ! toujours obfervant !

CALLIDÈS.

Convenez que le rire eſt trompeur bien fouvent.
Je ne m'y fierois pas.

ULTRAMONTIS.

J'en uſe dans mes criſes.

CALLIDÈS.

Eh ! oui, pour dérouter ; & delà, les méprifes.
Trifte, ardent & profond.

ULTRAMONTIS.

Juſtement, rêve creux.

CALLIDÈS.

De l'ennui dans le cœur, & l'efprit vaporeux.

ULTRAMONTIS.

Un je ne fais quel fombre ....

CALLIDÈS.

Un dégoût de la vie.

ULTRAMONTIS.

Alte-là, s'il vous plaît ; je l'aime à la folie.

CALLIDÈS.

CALLIDÈS.

Détour. C'eft un fardeau qu'on porte avec fouci.

ULTRAMONTIS, *éclatant.*

Ma foi, je l'ai porté fort gaîment jufqu'ici.

CALLIDÈS.

Quelle gaîté, bon Dieu !

ULTRAMONTIS.

    Quoi ! vous n'en tenez compte ?

CALLIDÈS.

Quoi ! de feindre avec moi, vous n'avez pas de honte ?
Mieux que vous ne croyez, j'ai lu dans votre cœur ;
Plus fortement qu'un autre, il reffent un malheur.
J'entends de ces malheurs, où l'ame s'intéreffe.
La vôtre eft, je le vois, faite pour la tendreffe ;
Et fi la belle Hortenfe, en ces lieux, dans ce jour,
Etoit, fans nul efpoir, ravie à votre amour ?

ULTRAMONTIS, *très-vivement.*

Hem ! ne plaifantons point. Pefte ! cette aventure
Me feroit, & pour caufe, une mortelle injure....
Eh ! fait-on quel rival affez déterminé ?...

CALLIDÈS.

Je vous le difois bien : brûlant, paffionné,

Toujours prêt d'incliner pour les partis extrêmes!
Contre nos fentimens, que peuvent nos fyftêmes ?
Hé bien ! ce coup, Monfieur, eft tout prêt d'arriver.

ULTRAMONTIS.

Quoi ! férieufement ?

CALLIDÈS.

Refte à s'en préferver.

ULTRAMONTIS.

Soit. Voyons.... quels moyens d'écarter fon atteinte ?

CALLIDÈS.

Il en eft.

ULTRAMONTIS.

Qui font-ils ? Dites-les fans contrainte.
Je parle au nom d'un cœur qu'oppreffe un tendre en
Je verrai bien s'ils font efficaces pour lu

CALLIDÈS.

Infaillibles.

ULTRAMONTIS.

Tant mieux.

CALLIDÈS.

Par eux feuls, l'ame humaine,

De fa prifon s'élance, & fait brifer fa chaîne.
Par eux, l'homme fublime, & libre en fon effor,
Echappe à la nature & fait mentir le fort. . . .
Quand on fent comme vous, quand le jour importune . . . . ,
Le fuicide fauve & prévient l'infortune.

ULTRAMONTIS, *avec emphafe.*

Qu'entends-je ? ô terre ! ô Ciel ! & toi, flambeau divin. . . .

(*Du ton le plus familier.*)

Songez donc quel fcandale, & quel affreux deffein !

CALLIDÈS.

Songez donc que Socrate avala la ciguë.

ULTRAMONTIS.

Socrate a très-mal fait. . . . Moi, d'une ame abattue,
Accélérer ma fin. . . . Oh bien ! je vous promets,
Que c'eft un attentat qu'on ne verra jamais.

CALLIDÈS.

Quoi ! vos maux ?. . .

ULTRAMONTIS, *comme prenant un parti
violent.*

Je vivrai !. . . je m'en fens le courage.

CALLIDÈS.

Mais qui se tue en a.

ULTRAMONTIS.

J'en aurai davantage.

CALLIDÈS.

Que de foiblesse, ô Ciel !

ULTRAMONTIS.

De bon sens ! Ah ! parbleu ,
Qu'on m'y prenne à mourir, & de mon propre aveu !
Le sort ici me place, & je reste à mon poste :
Quand on craint d'arriver, pourquoi courir la poste ?
L'existence est un don que nous ont fait les Dieux ;

(*En s'inclinant.*)

J'y tiens par habitude … & par respect pour eux ;
Et je veux bien, plutôt que ce bras m'expédie ,
Souffrir, cent ans encor, les horreurs de la vie.

CALLIDÈS *avec un dédain tranquille.*

Oui, riez, plaisantez, souffrez tout, n'osez rien.
Ce que j'en disois, moi, c'étoit pour votre bien ;
Et la consomption, votre digne salaire,
Fera pour vous, un jour, ce que vous n'osez faire.

(*D'un ton plus insinuant, & lui présentant un
pistolet.*)

Voyez, ravisez-vous,

ULTRAMONTIS.

Je suis mort.

CALLIDÈS.

Autant vaut.

Allons, cette arme-là n'est pas ce qu'il vous faut.

SCENE IV.

ULTRAMONTIS *seul, & frissonnant encore.*

IL est original avec son suicide !
Morbleu, pour le conseil, le drôle est intrépide.
Je voudrois bien le voir dans l'exécution.
        (Comme parlant encore à Callidès.)
Mes jours me sont sacrés, & la consomption,
Comme tu le prédis, n'y mordra pas, j'espere.

        (Revenant sur le devant de la scene.)

L'enjouement, ce me semble, à ce mal est contraire.
Je ne le perdrai pas, c'est un ferme parti ;
Et nargue du prophete .... il en aura menti.
Des deux rivaux que j'ai, le zele s'évertue ;
L'un prétend me tuer, l'autre que je me tue.
Ils sont gais, ... On approche ; allons, plus de délais ;
                    G iij

Dans la peur du revers, dépêchons le fuccès ;
C'eft la mere.... brufquons : de me plaire jaloufe,
Qu'elle m'accorde Hortenfe, & que Dorci l'époufe.

SCENE V.

Me. DE NORVILLE, ULTRAMONTIS.

Me. DE NORVILLE.

Comte, vous me voyez dans un faififfement !
On ne peut donc pas être utile impunément ?

ULTRAMONTIS.

Quoi ?

Me. DE NORVILLE.

Lifez.

ULTRAMONTIS *lit.*

» Prenez garde, on cabale, on intrigue,
» Et contre nos amis, il fe forme une ligue.
» De ce que j'aurai fu, j'irai vous avertir ;
» A tout événement, comptez fur un martyr.
» De Nelfon. »

(Remettant la lettre.)

Mots en l'air dont Nelfon vous régale !

D'ailleurs, l'esprit n'est rien sans un peu de cabale.
Je rirois de l'avis dont vous vous affligez,
Et sous ma garde, moi, je prends vos protégés.

(*Lui voyant encore du trouble.*)

Quoi ! toujours alarmée, après cette assurance !
Eh ! oui, je laisserois triompher l'ignorance !
Non, non, Messieurs les sots, il faudra, s'il vous plaît,
Que le monde s'éclaire en dépit qu'il en ait.

Me. DE NORVILLE.

Ah ! je renais, pardon. Vous rassurez mon ame,
Et ma sécurité. . . .

ULTRAMONTIS, *regardant toujours, dans la
peur que Callidès ne revienne.*

Comptez sur moi, Madame.

Me. DE NORVILLE.

Vous allez, n'est-ce pas, voir cette nouveauté ?

ULTRAMONTIS, *se remettant.*

Je la protege.

Me. DE NORVILLE.

Bon.

ULTRAMONTIS.

L'Auteur m'a consulté.

G iv

(*D'un ton caressant.*)

Ah çà, pour mon hymen êtes-vous résolue ?
La chose, sans mentir, devroit être conclue.

Me. DE NORVILLE.

Mais, si vous l'exigez, il faudra bien céder.
A qui mérite tout, il faut tout accorder.

ULTRAMONTIS.

Tenez, je serai franc ; c'est qu'en pareille affaire,
Un peu de promptitude est vraiment nécessaire.
Vers le but, quand il aime, un cœur se sent poussé,
Et je suis l'Avocat d'un Amant fort pressé.

Me. DE NORVILLE.

Hé bien ! que de mes soins hardiment il dispose.
Puisque vous la plaidez, il doit gagner sa cause.

ULTRAMONTIS.

Eh ! vîte, s'il vous plaît, très-vîte : n'allez pas
En croire Callidès ; je n'en fais pas grand cas,
Je vous l'ai déja dit ; il est alerte à nuire,
Et, sans le mettre en tiers, nous pouvons tout conduire.

M. DE NORVILLE.

Quoi ! toujours Callidès ?

ULTRAMONTIS.

A parler franc, je croi,

Que de chef du Parnaffe il remplit mal l'emploi.
Ah ! parbleu, fi jamais j'obtiens un pareil titre,
C'eft moi qu'il faudra voir m'ériger en arbitre,
Entamer les erreurs dont nous fommes imbus,
Et, coupant dans le vif, extirper les abus.
Pour fubftanter un peu votre littérature,
J'aurois, moi qui vous parle, une manufacture,
Un magafin ouvert de réputations
De tout genre, à tout prix, fur-tout de penfions,
Précieux lénitifs, reftaurans efficaces,
De l'efprit en langueur, réparant les difgraces.
C'eft alors qu'on viendroit, pouffé d'un heureux vent,
Au docte réfervoir, s'abreuver plus fouvent !
Tout pauvre diable, efclave & martyr de la rime,
Iroit flairer la caiffe, & reviendroit fublime.
Point d'à-compte fans nous fur l'immortalité :
S'adreffer au bureau, finon, l'obfcurité.
Quelques Auteurs rétifs crieroient en vain famine ;

(Avec une galanterie comique.)

Le Caiffier feroit fourd, ainfi que fa Corine.
Vous donneriez des bons de gloire, ou de ducats,
Et le Comte, au porteur, pairoit fur vos mandats.
Je ne vous parle pas des autres avantages
Que j'aurois & que j'ai....

Me. DE NORVILLE.

Comment ?

ULTRAMONTIS.

Dans mes voyages,
Moi, j'ai marqué par-tout, & par-tout j'écrirois ;
Aux beaux-esprits lointains, je tendrois nos filets.
Nous pourrions, les tenant sous un joug volontaire,
Envoyer la science aux deux bouts de la terre.
Ma foi, (je le dis bas dans la peur des jaloux)
Encor deux gazetins, & le globe est à nous.
Déja de mille endroits, (& leurs soins me confondent)
Petits Lettrés naissans, bien ou mal me répondent,
Et, s'il le faut, un jour notre zele hardi
Fera briller le Nord aux dépens du Midi.

Me. DE NORVILLE, *dans l'admiration.*

Hé bien ! nous parlerons d'une telle entreprise ;
L'idée en paroît vaste, & le plan m'a surprise.
C'est l'heure du spectacle .... allons, & de retour,
L'amitié vous promet de couronner l'amour.

ULTRAMONTIS.

(*Tirant sa montre.*)

Mais vous partez trop tôt : qu'est-ce donc qui vous presse ?

Je n'arriverai, moi, qu'à la fin de la piece.
En expofant les faits, nos rimeurs font fi bien,
Qu'une fois éclairci, je n'y comprends plus rien.
Quant au nœud, je m'en paffe : au fait, fuivre une intrigue,
C'eft, pour un efprit vif, un travail qui fatigue.
Tout jufte au dénouement, par fois trop prolongé,
Je fiffle ou j'applaudis, & l'ouvrage eft jugé.

Fin du quatrieme Acte.

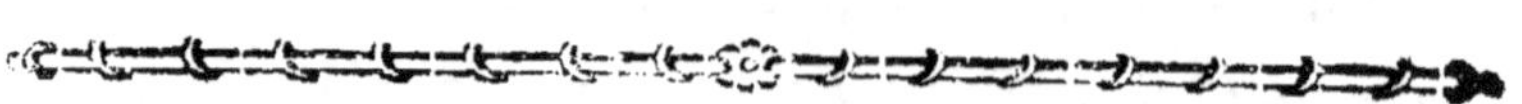

ACTE V.

SCENE PREMIERE.

FINETTE, ULTRAMONTIS.

FINETTE, *courant après Ultramontis.*

Je vous suis.

ULTRAMONTIS, *allant très-vîte.*

Laisse-moi.

FINETTE, *le rattrapant.*

La résistance est vaine.

(*A part.*)

Effrayons-le, à mon tour, sur l'hymen qui nous gêne....

ULTRAMONTIS.

Hé bien ! qu'est-ce ? voyons.

FINETTE.

A ce que je puis voir,
Vous comptez épouser Hortense dès ce soir?

ULTRAMONTIS.

Assurément j'y compte, & rien ne m'est contraire;
Je suis autorisé par le choix de la mere.

FINETTE.

Il est vrai.... mais tenez, (voilà mon grand souci,)
De son côté, la fille a fait un choix aussi;
Et par de dures loix vainement lutinées,
Les premieres amours sont toujours obstinées.
C'est, vous le voyez bien, le diable que cela!
Une mere est ici, mais la nature est là.

ULTRAMONTIS.

Qui se taît....

FINETTE.

Qui se plaint. Jugez quels vœux renverse
Un tiers autorisé qui vient à la traverse!
Si par force il nous prend, par ruse on s'en défait :
Croisant celui qu'on aime, il est celui qu'on hait.
Chaque pas à l'honneur présente un précipice.
Nous marchons sur le bord, tout exprès .... le pied glisse.
L'œil se trouble, on périt.... & , soit dit entre nous,
Un instant fait un sot, d'un très-illustre époux.

ULTRAMONTIS.

Oh! si je sers l'amant, il ne m'importe gueres;

Les chagrins du mari ne font plus mes affaires.
Il a le cœur formé....

FINETTE.

> Le front à l'avenant.

ULTRAMONTIS.

Quant au mien, il eft prêt.

FINETTE.

> Et d'un calme !

ULTRAMONTIS.

> Etonnant.

FINETTE.

Quoi ! les Ultramontis, dont la gloire y repofe,
Ne feront pas fâchés qu'on y gliffe autre chofe ?

ULTRAMONTIS.

Pourquoi donc ? on fait vivre.

FINETTE.

> Oui ?...l'avis eft charmant,

J'en fais qui vous prendroient par accommodement ;
Mais nous y trouverions un obftacle invincible....
D'un jaloux, jeune encor, la rage eft inflexible,
Et nous en avons un fi déchaîné !

ULTRAMONTIS, *affectant la plus grande assurance.*

Dorci ?

Je sais ce qu'il sait faire, & je le brave aussi.

FINETTE, *feignant de regarder si personne n'écoute.*

Ciel ! gardez-vous en bien ; Monsieur, dans sa colere,
De vous, avant la nuit, il songe à se défaire.
Lui-même il me l'a dit ; je ne l'invente pas. . . .

ULTRAMONTIS, *à part.*

Il peut le faire, au moins, comme il le dit.

FINETTE.

Hélas !

Je vois. . . .

ULTRAMONTIS, *regardant du côté de la porte.*

Hem ! que vois-tu ?

FINETTE.

Qu'il n'est plus de remede.
Quand le nombre l'emporte, il faut bien qu'on y cede.
Ils ont des bras d'une aune.

ULTRAMONTIS, *commençant à trembler.*

Et quelque chose au bout ,

Je gage ?

FINETTE.

Oh ! ces gueux-là font capables de tout.
Le fignal eft donné, lorfque le jour plus fombre....

ULTRAMONTIS.

Et tout ce que je crains, c'eft de mourir à l'ombre !

FINETTE, *avec un cri de douleur.*
Ah ! Comte, ils vous tueront.

ULTRAMONTIS.

Et fort à contre-tems.
Vas, cours, vole, fais-lui contremander fes gens.

FINETTE.

Le jour, on voit au moins les coups qu'on vous applique
S'il faut les recevoir, le fait eft authentique,
Et l'on fait.... qu'en penfer ; mais le foir ! quel brutal !

ULTRAMONTIS.

Tiens, fi par toi j'échappe à ce complot fatal,
Si tu peux de Dorci calmer l'ame jaloufe,
Pour t'en remercier, moi, foudain je t'époufe.

FINETTE, *après s'être cachée pour rire.*
Quoi ! deux femmes !

ULTRAMONTIS.

Eh ! non, c'eft une, tout au plus.
Je

Je ne te leurre point de contes superflus ;
Puis, les gens tels que moi, sont au-dessus du blâme.
Tout bon naturaliste est un peu polygame.

FINETTE.

Hem ! quel monstre est cela ?

ULTRAMONTIS.

Ne perds pas un instant.

FINETTE.

Ciel ! Dorci pere & fils !

ULTRAMONTIS, *s'enfuyant à toutes jambes.*

Au spectacle on m'attend.

(Finette rit, & fait, avant de sortir, des signes pour
rassurer le jeune Dorci.)

SCENE II.

DORCI pere, DORCI fils.

DORCI pere.

EH bien! mon fils, le vent t'est donc toujours contraire ?
Il ne faut pourtant pas que ton cœur désespere.
Allons, console-toi; je vais tout hasarder :
Quand la manœuvre est bonne, on est sûr d'aborder.
Tiens, la mer. Ce n'est-là qu'une simple menace :
Au fort de la tourmente, on songe à la bonace.
La navigation ressemble à tes amours :
Les ouragans, l'espoir; puis enfin les beaux jours.

(*A son fils qui paroît distrait.*)

Tàchez de m'écouter, Monsieur, causons ensemble.
Connois-tu bien les gens que ce séjour rassemble ?

DORCI fils, *d'un ton ironique & amer.*

Ce sont de grands esprits, de fameux Ecrivains,
Des Sages mêmes....

DORCI pere.

Bah! des mortels les plus vains.

Il me semble qu'ici la sagesse à la mode,
Des vices lucratifs de grand cœur s'accommode.
Grace à cette sagesse, on est fat, arrogant,
Frondeur audacieux, humble & souple intrigant,
Pliant aux tems, aux lieux, l'ame la plus servile,
Mauvais singe à la Cour, & despote à la ville.
Pour mieux nuire, on se met sous de puissans abris,
On vend force venins sous le beau nom d'écrits;
Par eux de mille erreurs infectant la jeunesse,
De l'Etat que l'on trompe, on détruit la richesse.
Au fait, je t'interdis pareilles liaisons:
N'as-tu pas mon exemple? il vaut bien leurs leçons.
Ne vas point me donner, au terme de mon âge,
Le chagrin de te voir trancher du personnage,
Immoler (& pour qui ?) cette simplicité,
Sauve-garde des mœurs, chere à la probité.
Où sont donc ces clartés si frappantes, si vives ?
Des Docteurs, il en pleut! mais où sont vos convives?
Avec votre raison, tout va de pis en pis;
L'esprit & le régime ont glacé tout Paris.
Nos ancêtres étoient des gens d'une autre étoffe.
Qui se bat & boit bien, est le seul philosophe.

DORCI fils, *en souriant.*

Qui croirois-je que vous ? dirigez votre fils!

Je n'apprendrai jamais qu'à vous être soumis.

D O R C I pere.

Bon cela ! reste à voir, Madame de Norville.

Il faudra bien, morbleu, qu'elle change de style.

Hortense t'est promise, & tu l'auras : je vais,

De la bonne façon, plaider tes intérêts ;

Mais, ne l'abuse point par une foi trompeuse ;

Et, même après l'hymen, songe à la rendre heureuse,

A prévenir ses vœux, à contenter ses goûts.

Au lieu d'un esprit fort, il lui faut un époux.

N'imite pas ces gens, vantés pour leur belle ame,

Qui croiroient s'abaisser, s'ils aimoient trop leur femme.

D O R C I fils.

Ah ! je vous jure ici . . . .

D O R C I pere.

Fort bien ! jure... & tiens bon.

Je vais trouver la mere ; elle entendra raison.

SCENE III.

DORCI fils, *seul.*

ELLE n'entendra rien ; j'ai bien peu d'espérance ,
Et ma seule ressource est dans le cœur d'Hortense.
C'est elle ! qu'est-ce donc ? quel transport ?

SCENE IV.

HORTENSE, FINETTE, DORCI fils.

FINETTE.

AH ! Monsieur ?
Nous vous cherchions par-tout , & Dieu sait quelle ardeur
Précipitoit nos pas ! Livrez-vous à la joie,
Au plaisir, à l'espoir que l'amour vous renvoie !

HORTENSE.

Oui, cher Dorci , je viens d'entretenir Forlis :
Rendez la confiance au meilleur des amis ;
Il nous sauvera tous : grace à son artifice ,
De nos persécuteurs, lui seul nous fait justice.
Votre pere nous quitte ; hé bien, Forlis l'attend ;
Il le mene au spectacle , & l'informe à l'instant

De tout ce qui se passe. Ecoutez.... cette piece....
Mais, non; je ne veux point prévenir votre ivresse.
Ce Comte Ultramontis, si détesté par vous,
Est un fourbe charmant, qui ne l'est que pour nous.

D O R C I.

Ultramontis! comment? à peine je respire.

F I N E T T E.

C'est en courant, Monsieur, que l'on vient vous instruire ;
On remet les détails pour un autre moment.

D O R C I.

Hortense! je succombe à mon raviffement.

F I N E T T E.

On approche; ce font nos pédans qui furviennent;
Ils joueront de leur reste; à la fin ils en tiennent.
Vous, de votre côté, vous, du vôtre, fortez.
Je veux voir l'air qu'ils ont en ces perplexités.

D O R C I.

Adieu.

F I N E T T E.

Fuyez.... allons!...

SCENE V.

LES ORIGINAUX, FINETTE.

DURCET.

LA friponne est jolie !

BROUSSIN, *la lorgnant.*

Une taille à la grecque.

DURCET.

Un air qui fait envie.

FINETTE.

(A Durcet qui la prend sous le menton.)

Miséricorde ! il lorgne ! … Ah ! daignez me laisser.

DURCET.

On peut, si vous voulez, vous apprendre à penser.

FINETTE.

Non pas, Monsieur l'Abbé. Voyez le bon apôtre !
Je pense à ma manière, & ce n'est point la vôtre.

DURCET.

Entre nous, la pudeur, quoi que l'on en ait dit,
N'est plus une vertu, je crois l'avoir écrit.

H iv

FINETTE.

Je ne vous lis pas, moi.

DURCET.

Tant pis! dans mon ouvrage,
Vous verriez qu'on eſt ſotte, alors qu'on eſt trop ſage.

FINETTE.

L'excès n'eſt point mon vice.

CALLIDÈS.

Y ſongez-vous, Durcet?
N'allez-vous pas encor enhardir ſon caquet?

FINETTE, *aux Originaux.*

Paix! l'oracle a parlé.

CALLIDÈS.

(*S'éloignant un peu de Finette qui ſe rapproche &*
prête l'oreille.)

Çà, de la Comédie
De Monſieur Floridor le deſtin s'expédie.

DURCET.

Sa chute eſt infaillible; il ne peut échapper;
Des piéges de la mort j'ai ſu l'envelopper.

VERSAC.

Bon!

CALLIDÈS.

Le goût l'exigeoit.

FINETTE.

Quelle humeur débonnaire !

(*A Callidès.*)

Remerciez-le donc : c'eſt un trait exemplaire !
Pour moi, je veux ſavoir quel eſt l'événement ;
Voici l'heure, j'y cours, & vous quitte un moment.

(*Durcet la ſuit des yeux ; Brouſſin la pourſuit juſ-*
ques dans la couliſſe, la lorgnette à la main.)

SCENE VI.

LES MÊMES, excepté FINETTE.

(*Verſac écrit ſur un des côtés du Théâtre.*)

BROUSSIN, *revenant.*

Et fugit.

CALLIDÈS.

Un minois ſuffit pour vous ſéduire.

(*Il les raſſemble myſtérieuſement autour de lui.*)

Mais j'approfondis, moi, tout ce qui peut vous nuire.

Souvent un maître aveugle, épris des grands talens,
Garde de fots valets qui font très-infolens.
Que l'on écrive ou non, pour les races futures,
Ces coquins-là s'en vont épiant vos allures;
Et, fans le moindre égard pour le docte vallon,
L'antichambre flétrit les lauriers du fallon;
Les foubrettes fur-tout.... race oifive & félonne,
Dont la langue vous pique, & dont l'œil vous talonne.
Ecoutez; celle-ci voudroit vous voir chaffer;
Et je penfe qu'on peut aider à l'expulfer.

B R O U S S I N, *qui a tâché d'entendre.*

Vous complottez; mais moi, quand elles font gentilles,
Je veux qu'on foit du moins tolérant pour les filles.
J'écrirai là-deffus.

V E R S A C, *fortant d'une profonde rêverie, & écartant Brouffin, en lui donnant un coup ave fon manufcrit.*

Amis trop généreux,
Mon livre eft achevé; l'univers eft heureux.

B R O U S S I N, *effoufflé, crachant & touffant.*
Le gefte ne l'eft pas.

SCENE VII.

FINETTE, LES MÊMES.

FINETTE.

SAVEZ-VOUS la nouvelle?
La piece ....

DURCET.

Hé bien?

VERSAC.

Voyons.

CALLIDÈS.

Parlez, réussit-elle?

FINETTE.

On vient de la huer, à triple carillon.
L'Auteur s'est, dans sa loge, évanoui, dit-on;
Même, on dit qu'il est mort. Les connoisseurs en chute,
Ne se rappellent point pareille culebute,
De mémoire d'Auteur : le parterre inhumain,
Par excès de malice, a voulu voir la fin.
Que j'en rie à mon aise !

DURCET.

Il a ce qu'il mérite.
Ecrivain sans chaleur, dont le nom seul m'irrite.

CALLIDÈS.

Esprit enluminé de la couleur du tems.

VERSAC.

Sans avoir un succès, il écriroit cent ans.

FINETTE *les agaçant.*

Le voilà chu ! vivat ! aiguifons l'épigramme.

CALLIDÈS.

Cela plaît à l'efprit.

DURCET.

Et fait plaifir à l'ame.

FINETTE *s'enfuyant à toutes jambes.*

Je vois qu'à mon récit on prend affez de goût :
Mais, Meffieurs, je vous trompe, & ne fais rien du tout.

VERSAC.

Ciel !

CALLIDÈS.

Qu'entends-je ?

SCENE VIII.

LES MÊMES, excepté FINETTE.

DURCET.

Un atôme, avoir cette impudence !

CALLIDÈS.

Hé bien ! voulois-je, à tort, punir son insolence ?

VERSAC.

Nous narguer ! nous tromper !

DURCET.

J'en suis tout étourdi.
Si ce bourreau d'Auteur alloit être applaudi !

SCENE IX.

ULTRAMONTIS, LES MÊMES.

ULTRAMONTIS, *avec le trouble d'un héros tragique.*

Ciel! où fuir? où cacher notre méfaventure?

VERSAC *à Durcet.*

Mais ceci, ce me femble, eft d'un finiftre augure!

ULTRAMONTIS, *s'appuyant fur Durcet.*

Laiffez-moi raffermir mes efprits effrayés ....
Plus de foi, plus d'honneur! c'eft nous qu'on a joués.

CALLIDÈS.

Nous?

ULTRAMONTIS.

Voilà le fecret.

DURCET.

O fureur!

VERSAC.

O détreffe!

BROUSSIN.

O!...

ULTRAMONTIS.

Nous faifons, tout net, le fujet de la piece.
Nous y fommes parlans ; aucun n'eft épargné....
Il faut voir de quel ton Callidès eft berné !
Brouffin tout de fon long y tranfit dans fa niche.
Mon nom y vient cent fois égayer l'hémiftiche.
Verfac....

VERSAC.

Déroute entiere.

CALLIDÈS.

Eh ! quoi ! vous n'avez pu ?...

ULTRAMONTIS.

Comment ? je cabalois ; mais ils m'ont reconnu.
Alors, je fuis refté trifte, confus, & blême :
De mes propres fifflets, on m'eût fifflé moi-même.

BROUSSIN, *voyant qu'Ultramontis s'échauffe.*

Fort bien !

ULTRAMONTIS.

Oh ! oui, fort bien ; nous avons tous péri.
L'ouvrage eft exécrable !.. ils n'en ont pas moins ri.
Ce public oftrogot a fait un tintamarre !
Il me pourfuit encor.... Je l'entends... le barbare !

Ah ! si vous aviez vu tout ce tumulte-là ;
Les flots amoncelés au milieu des *paix-là* ,
Les flux & les reflux ! ce meurtre volontaire ,
Où le rire a gagné les calchas du parterre !
Poëtes, profateurs, l'un fur l'autre égorgés !...
Dieu ! qui vois leurs revers , permets qu'ils foient vengés !

CALLIDÈS, *avec calme.*

Littérateurs François , quelle alarme est la vôtre ?
On nous arrache un mafque , il faut en prendre un autre.

DURCET.

Sans doute.

SCENE

SCENE X.

LES MÊMES, M. & Me. de NORVILLE, HORTENSE, FINETTE, DORCI pere, DORCI fils, FORLIS.

(Pendant le commencement de cette Scene, les deux Dorci & Forlis caufent enfemble, & à part. Finette eft près d'eux.)

Me. DE NORVILLE, *ne les appercevant point dans fon trouble.*

ON n'a rien vu d'égal à ce train-là !
C'eft un affaffinat . . . & l'on fouffre cela !
Voilà donc ce qu'on gagne à montrer du génie !
Quel fupplice pour moi ! pour eux quelle avanie !
Faut-il les voir, les fuir ? que faire déformais ?

(A M. de Norville qui n'eft entré qu'après elle.

Auroient-ils mérité ?... C'eft vous, Monfieur ? Jamais,
A vos yeux, maintenant, je n'oferai paroître.

M. DE NORVILLE.

Pourquoi ? cet accident eft un bonheur peut-être :
Mon amitié . . . .

I

Me. DE NORVILLE, *dans la plus grande agitation.*

Ceffez . . . .

M. DE NORVILLE.

Je n'en veux pour garant,
Que l'hymen de ma fille & du plus tendre amant.

Me. DE NORVILLE.

Eh ! mais, je vous l'ai dit, le Comte a ma parole.

ULTRAMONTIS.

Si votre choix ne tient qu'à ce gage frivole,
Le Comte vous la rend.

Me. DE NORVILLE.

Comment ?

ULTRAMONTIS.

Sachez tout net,
Que le Comte eft Merlin, que tout Naple connoît,
Noble agent de Forlis, fon docte fecrétaire,
Qui vous montre aujourd'hui fon heureux favoir-faire.

Me. DE NORVILLE, *furprife, confufe & immobile.*

Qu'entends-je ? quoi ! le code ? . . .

ULTRAMONTIS.

Eſt du Merlin tout pur.

Me. DE NORVILLE.

Le Drame ?

ULTRAMONTIS.

Encor Merlin.

VERSAC.

O Ciel !

FORLIS.

Rien n'eſt plus ſûr.

ULTRAMONTIS, *à Callidès & aux autres Originaux.*

Et cette œuvre comique, où l'on vous turlupine....

Me. DE NORVILLE.

Eh bien ?

ULTRAMONTIS.

Toujours Merlin ... le ſuccès l'accoquine.

DURCET.

Etranglons ce maraud !

(*Forlis, Norville, Finette, vont à ſon ſecours.*)

DORCI pere, *l'arrachant des mains de Durcet.*

Tout doux, tout doux, Monſieur !
Reſpectez un confrere.

FINETTE.

Un bon littérateur,

I ij

U L T R A M O N T I S.

Tragi-comique encore, & prôné par vous-même.

D O R C I pere.

Rare, sublime, illustre, & d'un talent suprême.

U L T R A M O N T I S, *d'un air triomphant.*

On étrangle un tel homme !

F O R L I S, *en riant, à Callidès.*

Allons, d'après ceci,

Je crois que vous pouvez prendre votre parti.

C A L L I D È S *à Forlis.*

On vouloit voir jusqu'où vous pousseriez l'outrage.
Adieu. Le mépris venge.

F I N E T T E.

Oui, c'est l'arme du sage.

C A L L I D È S *à sa troupe.*

Marchons.

F I N E T T E.

Peste ! en bon ordre, on se retire enfin.

F O R L I S.

Le corps d'arriere-garde est fermé par Broussin.

(*Les Originaux se retirent, ayant en tête Callidès,*
& Broussin derriere.)

SCENE ONZIEME
ET DERNIERE.

LES MÊMES, excepté les Originaux.

FORLIS, *à Madame de Norville.*

PARDON : j'ai cru devoir vous fauver de leur ligue,
Démafquer le faux goût, l'impofture & l'intrigue ;
Secourir deux amans, qui m'ont ouvert leur cœur,
Et dont le vôtre alloit immoler le bonheur.

DORCI pere, *à fon fils, en regardant Hortenfe.*

Mon fils, vogue à ton tour, le vent devient propice :
L'efprit eft démâté ! Bon fens, gaîté, juftice,
Voilà ce qui nous refte : allons, j'ai hâte enfin
D'unir nos deux amans, & d'enivrer Merlin.

ULTRAMONTIS.

Soit. Il vous prend au mot avec reconnoiffance ;
Dans fes plus grands fuccès, c'eft-là fa récompenfe.

Fin du cinquieme & dernier Acte.

L'AUTODAFÉ,

OU

L'AVIS CHARITABLE

D'UN FRATER DE L'INQUISITION.

Tout le Clergé philosophique
Me charge, ami, de t'avertir,
Qu'il va promptement établir
Force bûchers, pour y rôtir (a)
Tous les transfuges de sa clique,
Qu'il n'aura pas pu convertir.
Ainsi, crois-moi, tremble d'avance,
Recommande ton ame à Dieu,
Et mets en paix ta conscience,
Avant que l'on te jette au feu,
En holocauste à la science.

(a) Ce billet qui m'a été adressé justifie mon épigraphe, *Incedo per ignes*; & quand l'idée m'en est venue, je ne me croyois pas si fort en danger.

QUOIQUE tes vers faſſent pitié,
Si tu t'étois laiſſé conduire,
On t'auroit, par grace, employé,
On t'eût révélé l'art d'écrire ;
Et, pour nous alors s'exerçant,
Rien n'auroit été plus décent
Que ton penchant pour la ſatire.
De notre ſyſtême écroulé,
Tu ſerois devenu l'apôtre,
Et ton eſprit, par nous réglé,
Auroit pu, tout bien calculé,
Généraliſer comme un autre.
Que ſais-je ? une fois agrégé,
Peut-être en Hollande, en Ruſſie,
Tout bonnement on t'eût chargé
Des progrès de la compagnie....

DANS un pamphlet de ta façon,
Que parles-tu de La Fontaine,
Monteſquieu, Montaigne & Bacon ?
Ces dupes-là, mon pauvre oiſon,
Se ſont donné bien de la peine,
Pour obtenir quelque renom.

QUANT à nous, adroits perſonnages,
Nous nous ſommes tranquilliſés,

Et sur nous pleuvent les hommages,
Sur nous les dons sont épuisés !
Par l'intrigue favorisés,
Nous n'avons pas besoin d'ouvrages.
Nous vivons, & pensons en sages ;
Mais nous pensons . . . . les bras croisés.
Tel est le secret du génie,
L'art d'être illustre à peu de frais ;
Et voilà, si je m'y connais,
De la bonne philosophie !

MAIS j'entends le signal enfin ;
On allume . . . . fais diligence ;
Allons, dépêche, esprit mutin,
A ta Muse on va mettre un frein,
Et punir ton impertinence.
Tu grilleras, petit malin. . . .
J'en jure par la bienfaisance !

FIN.